Geirfa'r Glöwr

GEIRFA'R GLÖWR

Casgliad o eiriau yn ymwneud â
gwaith y lofa

Lynn Davies

Amgueddfa Genedlaethol Cymru
Amgueddfa Werin Cymru
1976

“ ’Smo dyn yn gallu gwerthfawroci
gola dydd, na ’eulwan, snag yw a
wedi gwitho wyth awr y dydd
yng grombil y ddaear fagddu”

Argraffiad Cyntaf: Awst 1976

1 SBN 0 85485 032 5

Argraffwyd gan
J. D. Lewis a'i Feibion Cyf.
Gwasg Gomer, Llandysul, Dyfed

Cynnwys

Rhestr ffigurau

Byrfoddau

CYFFREDINOL

a	ansoddair
adf	adferf
b	benywaidd
be	berfenw
e	enw
ebych	ebychiad
ffig.	ffigur
g	gwrywaidd
gw.	gweler
ll	lluosog
S.	Saesneg

ARDALOEDD

(Bon)	Bôn-y-maen
(Caerf)	Caerfyrddin
(Cefneith)	Cefneithin
(Clyd)	Clydach
(Coel)	Y Coelbren
(Cwmaf)	Cwmafan
(Cwmdr)	Cwmdâr
(Cwmgrs)	Cwm-gors
(Cwmt)	Cwmtawe
(Cwmtrch)	Cwm-twrch
(C Crib)	Cefncribwr
(Dowl)	Dowlais
(D Morg)	Dwyrain Morgannwg
(GCG)	Gwauncaegurwen
(G Morg)	Gorllewin Morgannwg
(Llandyb)	Llandybïe
(Llangenn)	Llangennech
(Maerdy)	Y Maerdy
(Merth)	Merthyr Tudful
(Morg)	Morgannwg
(PD)	Y Parlwr Du
(Pontardd)	Pontarddulais
(Pontyber)	Pontyberem
(Res)	Resolfen
(Rhig)	Y Rhigos
(Rhondd)	Rhondda
(Rhos)	Rhosllannerchrugog
(Rhym)	Rhymni
(Tanyfr)	Tan-y-fron
(Trci)	Treorci
(Treban)	Trebannws
(Trebth)	Tre-boeth
(Trims)	Trimsaran
(Ystradgn)	Ystradgynlais
(cyff)	cyffredinol

Cydnabod

Ceir bellach yn yr Adran Draddodiadau Llafar a Thafodieithoedd dystiolaeth werthfawr, ar dâp, ar ffilm ac mewn llawysgrif, am fywyd gwerin Cymru. Cafwyd y cyfan gan bobl a roddodd yn fodlon o'u gwybodaeth a'u profiad.

Yn yr un modd ffrwyth cyfraniad gwerthfawr y cyn-lowyr a enwir isod yw'r casgliad hwn. 'R wyf yn wir ddyledus iddynt oll am eu cymorth parod:

Andrew Allen, Porth-cawl; Hywel Bayliss, Rhosllannerchrugog; David Beasley, Llangennech; George Berry, Blaen-cwm (Treherbert); David Davies, Caerdydd; David Davies, Porth-cawl; David Davies, Cefncribwr; John Davies, Johnstown (Wrecsam); John Henry Davies, Pontardawe; Steven Davies, Dowlais Top; William Davies, Llandybie; William Davies, Resolfen; William Davies, Cydweli; Tom Deer, Clydach; W. Jac Edwards, Rhosllannerchrugog; Bob Ellis, Rhosllannerchrugog; David Evans, Fochriw; Guy Gregory, Cwmafan; Daniel Egrin Griffiths, Trebannws; Tom Griffiths, Rhosllannerchrugog; William Griffiths, Felindre; William Harries, Rhymni; William John Herbert, Resolfen; Jencyn Hopcyn, Treorci; Jo Hughes, Llan-non; Howell Jeffries, Y Coelbren; T. Jenkins, Trimsaran; Tom Jenkins, Rhymni; Evan Jones, Penarth; John Jones, Gwauncaegurwen; John William Jones, Trelawnyd; Johnnie Jones, Llangennech; Morgan Jones, Y Rhigos; Morris Jones, Tre-boeth; Owen Jones, Cwmdâr; Rhys Jones, Y Rhigos; Tom Jones, Yr Eglwys Newydd, Caerdydd; William Jones, Llandybie; William Jones, Y Coelbren; William Daniel Jones, Bancffosfelen; Ifor Kelly, Cydweli; Ifan Lloyd, Trebannws; Gwilym Lloyd, Resolfen; Sam Lloyd, Resolfen; Melvyn Llywelyn, Hopkinstown (Rhydaman); Defi John Morgan Y Tymbl; Elfed Morgan, Cefneithin; Jim Morgan, Blaen-cwm (Treherbert); Llywelyn Morgan, Maesteg; Tom Moseley, Rhymni; George Parcell, Tre-boeth; William Perkins, Mynydd-bach-y-glo (Waunarlwydd); David Rees, Treorci; Defi Richards, Ystradgynlais; Ifor Richards, Aberdâr; Tom Rosser, Bôn-y-maen, Abertawe; Ralph Rossiter, Cwm-gwrach; Defi Samuel, Llangennech; Oswald Samuel, Llangennech; John Smith, Cefncribwr; Daniel Thomas, Brynaman; Dic Thomas, Cwmafan; Ivor Thomas, Pen-tyrch; William Thomas, Trewiliam (Y Rhondda); William Thomas, Pontyberem; William J. Thomas, Cwmafan; Charles Walters, Hopkinstown (Rhydaman); Tom Walters, Dowlais; Tom Walters, Blaengwynfi; Richard Watkins, Cefncribwr; Goronwy Williams, Ystradgynlais; Morgan Williams, Cefneithin; Richard Williams, Cwmafan; Robert Williams, Tan-y-fron (Wrecsam).

'R wy'n ddiolchgar hefyd i Mr. Gareth Jones, Bangor am dynnu lluniau er mwyn amlygu ystyr rhai o'r termau. Ac yntau'n gweithio o frasluniau a oedd weithiau yn ddigon amhendant, cyflawnodd waith medrus.

Mawr yw fy nyled i Dr. Gerwyn Thomas o Adran Ddiwydiant Amgueddfa Genedlaethol Cymru, am ei gymorth, yn enwedig yn nyddiau cynnar y casglu, i Mrs. Mary Wiliam o'r Adran Draddodiadau Llafar a Thafodieithoedd am ei hawgrymiadau gwerthfawr ynglŷn â ffurf a diwyg y gwaith, ac i Mr. Vincent Phillips, Ceidwad yr Adran honno am ei gyngor cyson ar hyd y ffordd.

Rhagarweiniad

Bu Amgueddfa Werin Cymru o'r cychwyn yn rhoi sylw arbennig i'r crefftau traddodiadol ac i'r modd y cyflawnai'r Cymro ei waith beunyddiol, ac yn Adran y Traddodiadau Llafar a'r Tafodieithoedd ceir bellach wybodaeth fanwl am y geirfâu arbennig a berthyn i waith y gof, y saer, y melinydd, y ffermwr, y pysgotwr a llawer math arall o weithiwr.

Wrth gasglu, ar ran yr Amgueddfa, wybodaeth am dafodieithoedd Cymru, a thrwy hynny ymweld ag ardaloedd lle bu'r diwydiant glo mewn bri un amser, buan y sylweddolais gynifer o eiriau ac iddynt ddefnydd ac ystyr sydd yn arbennig i'r diwydiant hwnnw a godai yn sgwrs y brodorion. Ar ôl siarad yn helaeth â llawer o hen lowyr ar hyd y wlad euthum ati i gofnodi'r eirfa gyfoethog hon.

Mae'r casgliad yn ymwneud yn bennaf â chyfnod arbennig yn hanes y diwydiant glo, sef o tua 1900 hyd at 1930. Ceir dau reswm am hynny. Yn gyntaf defnyddiai'r glöwr, hyd at ddiwedd y cyfnod hwnnw, ddulliau traddodiadol, a thermau brodorol ynghlwm wrthynt, i gyflawni ei waith. Gyda dyfodiad y peiriannau a'r mecaneiddio darfu rhan bwysig o'r dreftadaeth hon a disodlwyd llawer o'r hen dermau gan eirfa Saesneg safonol dechnegol. Yn ail, gan fod y Gymraeg ar ei chryfaf yn yr ardaloedd diwydiannol yn ystod y cyfnod dan sylw dyma'r adeg y gwelwyd crisialu llu mawr o eiriau Cymraeg yn ymwneud yn arbennig â'r gwaith glo. Diau fod nifer o dermau tebyg wedi eu colli cyn y cyfnod dan sylw, a bod llawer o eiriau na lwyddais i'w cofnodi yn dal ar dafodau hen lowyr.

Er mai torri glo yn gywrain oedd priod faes y glöwr gynt 'r oedd gofyn iddo weithiau dynnu ar ei fedrusrwydd fel coediwr, peiriannydd, daearegwr, ac ati. Yn aml byddai ei fywyd yn ogystal â'i fywoliaeth ynghlwm wrth ei ddoniau ef ei hun ac wrth fedr nifer o gydweithwyr a gyflawnai amrywiol orchwylion. Rhennir y casgliad yn benodau a hyderir eu bod yn amlygu rhai o'r agweddau pwysicaf hyn ar waith y lofa yn ystod y cyfnod dan sylw.

Rhestrir y termau, yn ôl trefn yr wyddor, mewn llythrennau trwm ar yr ochr chwith i bob tudalen gan roddi gyferbyn eglurhad ar bob term yn ei dro. Oni roddir esboniad ar derm arbennig, cyfeirir y darllenydd at ffurf gyfatebol lle y gwelir eglurhad priodol. Er mai ffurf lafar pob term a roddir yn y casgliad, bu'n rhaid dewis weithiau, yn achos geiriau a glywid mewn mwy nag un ardal, un o blith nifer y ffurfiau posibl ar y geiriau arbennig hynny.

Casglwyd yr holl eiriau a restrir yn siroedd Caerfyrddin, Morgannwg, Mynwy, Dinbych a Fflint. Nodir ar ôl pob term, gan ddefnyddio ffurfiau byrfoddol, yr ardal y clywid ynddi'r gair arbennig hwnnw. Cafwyd rhai geiriau mewn sawl man o fewn un sir (neu ran o sir) ac o'r herwydd enw'r sir yn unig a ddynodir. Rhoddir enwau mannau arbennig ar ôl termau a glywid yn y lleoedd hynny yn unig, er na ellir honni bod y termau yn gyfyngedig i'r mannau a nodir.

Ceir mynegai ar ddiwedd y casgliad.

Lynn Davies.

1 Rhannau'r gwaith

banc *eg* y rhan o'r gwaith sydd ar wyneb y ddaear *on ni ar y banc erbyn tri o'r gloch (*G Morg, Caerf) gw. **ben gwaith, ben pwll, ben top, ben twyn, bonc, lan, wyneb**

ben gwaith (D Morg) gw. **banc**

ben pwll (PD, Rhos) gw. **banc**

ben top (Cwmaf) gw. **banc**

ben twyn (G Morg) gw. **banc**

bôn *eg* rhan o'r gwaith a oedd ymhell dan ddaear *rodd yr hen bobol yn cyrradd y bôn ymhell cyn chwech o'r gloch* (PD) gw. **clynwr bôn**

bonc *eb* ll. **boncia** (i) tomen o lo mân ar ben y gwaith (PD, Rhos) (ii) y rhan o'r gwaith sydd uwchben y ddaear (PD, Rhos) gw. **banc**

brâth
brathan *eb* ll. **bratha;** ffordd a yrrid ar draws i gysylltu dau **hedin** dan ddaear er mwyn hwyluso rhediad yr aer (PD)

brest *eb* (PD) gw. **ffas, wyneb**

brig *eb* ochr uchaf yr **hedin,** *brig yr hedin* (D Morg) gw. **llaw ucha, topsed**

bwli *eg* priffordd a yrrid tuag i lawr (G Morg, Caerf)

bwli cam **bwli** a yrrid oddi ar y prif **fwli** ychydig tua'r dde neu ychydig tua'r chwith (G Morg, Caerf)

bwli cwt **bwli** ac iddo un ymyl solet ar hyd un ochr (G Morg, Caerf)

cêl *eg* nifer o **setia,** cylch o **ogofey(dd)** (PD) rhoddid enw ar bob cêl yng ngwaith y Parlwr Du, e.e. **Twll ar ben, Yr Ochr wlyb, Lle'r Gors** gw. **ogo, set**

clip *eg* ll. **clipia;** priffordd a yrrid tuag i fyny. Cyfeiriai at **groes** fel arfer (PD)

croes *eb* ll.**croesydd;** priffordd y gyrrid **wynebe** oddi arni (Rhos)

c(a)radâ *ell* y peiriannau mawr, a'r offer weindio yn arbennig, ar ben y pwll (G Morg, Caerf)

croesad
crôs *eg* (i) ffordd a yrrid i dorri ar draws **talcennon** a fu'n mynd yn eu blaen am beth amser er mwyn hwyluso trafnidiaeth (Rhyd) (ii) ffordd a wneid i gysylltu dwy briffordd (D Morg) gw. **ffordd draws, (h)edin crôs, (h)edin torri ffasis**

cut *eg* ll. **cytia;** caban bychan dan ddaear **cut y ffiarman** (PD) gw. **cwt, twll cloi**

cwt *eg* (i) caban bychan *cwt tsiecweman*—caban ar ben y gwaith lle nodai'r **tsiecweman** bwysau'r cynnyrch a ddeuai o'r pwll (Rhos) (ii) (Caerf) gw. **hedin caled** gw. ffig. 3

cwt waun		ffordd a yrrid drwy'r tir i gysylltu dwy wythïen er mwyn hwyluso rhediad yr aer (Llandyb)
dan ddaear		o fewn y gwaith glo, o dan y ddaear, *bias i'n gwitho dan ddaear am 'annar can mlynadd* (Morg, Caerf) gw. **lawr**
deip **dyip**	*eg*	lle agored gwastad ar waelod y pwll (G Morg)
dip	*eg*	(i) ffordd a yrrid tuag i lawr y byddid, fel arfer, yn troi **talcennon** oddi arni (Morg, Caerf) gw. **drifft, dyfn, sawdd** (ii) gwaith glo sydd yn bwrw i'r ddaear ar ogwydd (D Morg) gw. **drifft, sawdd, slent, slip**
dipsed	*eg*	ochr isaf yr **hedin** (Caerf) gw. **sawdd**
district	*eg*	rhanbarth dan ddaear; cynhwysai fel arfer nifer o **hedins** a **thalcennon,** ac ati (Morg, Caerf)
drifft	*eb*	(i) gwaith glo sydd yn bwrw i'r ddaear ar ogwydd (Morg, Caerf) gw. **dip, sawdd, slent, slip** (ii) ffordd a yrrid tuag i lawr er mwyn troi **talcennon** oddi arni neu er hwyluso rhediad yr aer (Morg, Caerf) gw. **dip, dyfn, sawdd** (iii) ffordd a yrrid trwy'r graig neu'r tir (D Morg, Rhos) gw. **cwt, hedin caled**
drifft aer		**drifft** a yrrid er hwyluso rhediad yr aer (Morg, Caerf)
drifft waith		**drifft** y troid **talcennon** oddi arni (Morg, Caerf)
dyfn	*eg*	ffordd a yrrid tuag i lawr (PD) gw. **dip, drifft, sawdd**

ffas *eb* ll. **ffasis;** y glo fel y gorweddai yn y wythïen gerbron y glöwr a weithiai arno *ffas y talcen, ffas yr hedin* (Morg, Caerf) gw. **brest, wyneb,** gw. ffig. 8

fflat *egb* rheilffordd fechan a arweiniai oddi ar briffordd fel y gellid cadw dramiau gwag neu lawn arni (Rhos) gw. **partin, pasbyi, tyrn owt**

fflat dreifar y fflat y gweithiai'r **dreifar** ohoni gw. **dreifar**

fflat fawr y fflat y tynnai'r **soni** ohoni, gw. **soni**

fflat pwtiwr y fflat y gweithiai'r **pwtiwr** ohoni gw. **pwtiwr**

ffordd *eb* ll. **ffyrdd;** fel rheol mewn ymadroddion

fforben ffordd a yrrid tuag i fyny er mwyn troi **wynebe** oddi arni (Rhos) gw. **hedin, pen, slent, slôp**

ffordd aer ll. **ffyrdd aer;** ffordd a wneid er mwyn hwyluso rhediad yr aer dan ddaear (Morg, Caerf) gw. **ffordd wynt**

ffordd allan ll. **ffyrdd allan;** y ffordd a arweiniai tuag allan o geg yr **wyneb** (Rhos)

ffordd dal unrhyw briffordd (Rhos) gw. **ffordd fawr**

ffordd draws ffordd a yrrid i dorri ar draws **wynebe** a fu'n mynd yn eu blaen ers peth amser, er mwyn hwyluso trafnidiaeth (Rhos) gw. **crôs, (h)edin crôs, (h)edin torri ffasis**

ffordd fach y ffordd a redai ynghanol y **wiced** (Rhos)

ffordd fawr (Rhos) gw. **ffordd dal**

ffordd gam		ffordd a fyddai'n troi oddi ar y briffordd a ddeuai o ben y gwaith (G Morg)
ffordd wynt		(PD, Rhos) gw. **ffordd aer**
ffordd ysgafn		ffordd wastad (Rhos)
ffordd yrru		unrhyw ffordd ac arni reiliau (Rhos)
gene	*eg*	ceg **drifft** neu **lefel** ar wyneb y ddaear (Caerf) gw. **gwddwg**
glas	*eg*	wyneb y ddaear, *hala'r ceffyle lan i'r glas, odd pibe'n cario dŵr o'r swmp i'r glas* (Caerf)
glofa	*eb*	gwaith glo *mynd i'r lofa i weithio* (Rhos)
gwddwg	*eg*	(D Morg) gw. **gene**
gwilod y pwll	*eg*	y rhan o'r gwaith yng nghyffiniau'r gwaelod, *on ni'n cyrradd gwilod pwll am dri o'r gloch* (Morg, Caerf) gw. **llygad, tin y pwll**
(h)edin	*egb*	ll. **(h)edins;** ffordd a yrrid tuag i fyny, neu weithiau ar wastad, a hynny oddi ar y briffordd fel y gellid bwrw i ragor o lo drwy weithio **talcennon,** ac ati, oddi arni (Morg, Caerf) gw. **fforben, pen, slent, slôp**
(h)edin bach		ffordd isel gul a yrrid ochr yn ochr â **hedin** cyffredin er mwyn hwyluso rhediad yr aer (Caerf) gw. **(h)edin dwpwl**
(h)edin caled **(h)edin tir caled**		ffordd a yrrid drwy'r tir i geisio dod o hyd i'r wythïen lo wedi iddi ddiflannu, neu er cysylltu dwy wythïen (Morg, Caerf) gw. **cwt, drifft, (h)edin cwar**
(h)edin crôs		(Morg) gw. **crôs**

(h)edin cul		ffordd a yrrid led yr **hewl** yn unig heb droi **talcennon** oddi arni er mwyn bwrw i ran newydd o'r gwaith (Morg)
(h)edin cwar		(G Morg) gw. **(h)edin caled**
(h)edin cwt		ffordd debyg i **hedin torri ffasis** ac eithrio bod iddi un ochr solet heb unrhyw ffyrdd yn troi oddi arni (G Morg)
(h)edin dwpwl		dau **hedin** yn rhedeg ochr yn ochr (G Morg) gw. **(h)edin bach**
(h)edin llytan		ffordd a oedd yn lletach na'r **hedin cul** ac y troid **talcennon** oddi ar un ochr iddi yn unig, tra cedwid yr ochr arall yn ddi-fwlch (Morg) gw. **(h)edin troi talcen un ochor**
(h)edin torri ffasis		(Morg, Caerf) gw. **crôs** (i)
(h)edin troi talcen un ochr		(Morg) gw. **(h)edin llytan**
inclein	*eb*	(i) ffordd a yrrid tuag i fyny i gysylltu dau **hedin** (ii) ffordd a yrrid i gysylltu dwy wythïen (iii) rheilffordd serth ar ben y gwaith a redai at y tomenni glo mân (G Morg, Caerf)
lan	*eb*	yn yr ymadrodd *ar lan*—ar ben y gwaith (G Morg, Caerf, PD) gw **banc**
lawr	*eg*	yn yr ymadrodd *ar lawr*—dan ddaear *ôn ni ar lawr erbyn chwech y bore* (Rhos)
lefel	*eg*	gwaith glo sydd yn mynd i mewn yn wastad i'r tir (Morg, Caerf)
llaw isha	*eg*	ochr isaf yr **hedin** (Morg) gw. **dipsed, sawdd** (iii)
llaw ucha	*eg*	ochr uchaf yr **hedin** (Morg) gw. **brig**

llorfa	*eg*	llecyn gwastad yng ngenau'r **lefel** lle y gwerthid glo ers talwm i bobl y gymdogaeth (Rhondd) gw. Tom Jones, **Coal Mining Terms,** BULLETIN OF THE BOARD OF CELTIC STUDIES, Cyfrol VIII, Tachwedd 1936, t. 218
llygad	*eg*	(Rhos) gw. **gwilod y pwll**
ochr dram lawn **ochr dram wag**	*eb*	y naill ochr a'r llall i'r man y glaniai'r **carej** ar waelod y pwll. Gwthid dram lawn i'r **carej** ar y naill ochr gan fwrw dram wag allan i'r ochr arall (D Morg)
offis pwyso'r glo	*eb*	(PD) gw. **tŷ pwyso**
ogo	*eb*	ll. **ogofey(dd);** (PD) gw. **talcen**
pant	*eg*	y man y glaniai'r **siwrne** ar waelod y **ddrifft** cyn iddi gael ei thynnu i'r **wyneb** (G Morg)
partin	*eg*	ll. **partynon;** (Morg, Caerf) gw. **fflat**
pasbyi	*eg*	(PD) gw. **fflat**
pen	*eg*	ll. **penne;** (Llangenn) gw. **(h)edin**
pite	*ell*	man ar ben y gwaith lle y llosgid glo mân i wneud golosg; fe'i gwerthid fel arfer i'r gweithfeydd alcam (Cefneith)
platie	*ell*	math o lwyfan haearn a dderbyniai'r dramiau o'r **carej** ar ben y gwaith ac yn y **llygad** (Rhos) gw. **plâts**
plâts	*ell*	(Morg, Caerf) gw. **platie**
pwll	*eg*	ll. **pylle, pwlle, pylla, pwlla;** gwaith glo sydd yn bwrw i lawr yn syth i'r ddaear (cyff)

pwll bach		(i) ffordd aer a yrrid o'r naill wythïen i'r llall (Morg) (ii) y **siafft** a ddaliai'r glo ar waelod **topol** (Morg)
pwll llif		y man ar ben y gwaith lle byddid yn llifio'r coed a ddefnyddid dan ddaear (Morg) gw. **tŷ llif**
pwysdy	*eg*	(Caerf) gw. **tŷ pwyso**
rib, ribad	*eg*	ochr solet ddi-fwlch a berthyn i **dalcen** neu **hedin** (Morg, Caerf)
sawdd	*eg*	(i) gwaith glo sydd yn bwrw i'r ddaear ar ogwydd (Caerf) gw. **dip, drifft, slent, slip** (ii) ffordd a yrrid tua'r gwaered oddi ar briffordd (G Morg) gw. **dip, drifft, dyfn** (iii) ochr isaf yr **hedin,** *sawdd yr (h)edin* (D Morg) gw. **dipsed, llaw isha** Yn ardal Treboeth ger Abertawe cyfeirid at dafarnau anfoesol Abertawe fel *y sawdd —biws e lawr yn y sawdd nithwr*
sgrin	*eg*	ll. **sgrins;** math o ridyll haearn fawr y byddid yn arllwys cynnwys y dramiau glo iddi ar ben y gwaith, er mwyn gwahanu'r glo oddi wrth y baw a'r cerrig (cyff)
siafft	*eg*	(Morg) gw. **stâj**
slent, slant	*egb*	(i) gwaith glo sydd yn bwrw i'r ddaear ar ogwydd (Morg, Caerf) gw. **dip** (ii) (ii) (Morg, Caerf) gw. **(h)edin**
slip	*eg*	(C Crib) gw. **dip** (ii)
slôp	*eg*	(Rhyd) gw. **(h)edin**
slym	*eg*	gwagle y tu ôl i'r fan y glaniai'r **carej** y gwthid dramiau gwag iddo (D Morg)

snôr	*eg*	gwaelod y **swmp** (Morg, Caerf)
staj, stajyn	*eg*	lle yng ngenau **topol** neu **dalcen** i gadw glo a dorrwyd o'r **ffas:** gwneid twll yn y gwaelod a gosod darn o bren ar draws y pen blaen fel na ddymchwelai'r glo allan i'r **hedin;** ymhen ychydig cludid y glo oddi yno mewn dram (Caerf) gw. **siafft**
streip	*eg*	yr enw a roddid ar oleddf y **ddrifft** o ben y gwaith i'w waelod (Coel)
swmp	*eg*	ll. **swmpydd,** pydew a wneud i gronni dŵr a fyddai'n ymgasglu dan ddaear fel y gellid ei bympio allan i ben y gwaith. Ceid mwy nag un swmp mewn gweithfeydd dyfnion (Morg, Caerf)
talcen	*eg*	ll. **talcennon;** y man y torrai'r **colier** cyffredin ei lo: gweithiai **ffas** o ryw 12 i 14 llath fel arfer (Morg, Caerf) gw. **ogo, wiced, wyneb**
tin y pwll	*eg*	(GCG) gw. **gwilod y pwll**
topol	*eg*	ll. **topolion**; math o **dalcen** a godai'n serth oddi ar yr **hedin** wrth ddilyn y wythïen lo: gwythiennau tenau a weithid yn y dull hwn fel arfer; ni byddai modd defnyddio dram yn y fath le cyfyng, felly cludid y glo o **ffas** y **topol** mewn **cart** neu **gar llusg** neu ei wthio oddi yno ar hyd rhes o shîtiau (G Morg, Caerf)
topol aer		y **topol** cyntaf mewn **hedin;** bwrid ef drwodd yn syth i **hedin** a redai uwch ei ben er mwyn hwyluso rhediad yr aer (G Morg, Caerf)
topsed	*eg*	(Caerf) gw. **brig**
traws	*eg*	ll. **trawsydd;** (Rhos) gw. **district**

twll *eg* fel rheol mewn ymadroddion

twll baw y man y teflid baw a ddaethai wrth weithio yn yr **hedin** ac ar **wynebe** cyfagos: **wyneb** wedi darfod amdani oedd y **twll baw** fel rheol, ac yno hefyd yr âi glowyr i wneud dŵr, ac ati (Rhos)
gw. **twll myc, twll rwbetsh**

twll cloi caban a geid yng ngenau pob **district** dan ddaear lle y byddai'r **ffyiarman** yn sicrhau bod lamp y colier yn ddiogel ac yn gweithio'n iawn drwy ei hagor a'i phrofi. Ni fedrai'r colier agor y lamp wedi i'r **ffyiarman** hwnnw ei chloi (Morg, Caerf)
gw. **cut**

twll myc y man y teflid baw a ddaethai wrth weithio yn yr **hedin** ac yn y **talcennon** cyfagos: **talcen** wedi darfod amdano ydoedd fel rheol (G Morg, Caerf)
gw. **twll baw, twll rwbetsh**

twll rwbetsh (D Morg) gw. **twll baw, twll myc**

tŷ llif *eg* (Cwmt) gw. **pwll llif**

tŷ pwyso *eg* math o gaban ar ben y gwaith lle y pwysid cynnwys pob dram o lo a lenwid dan ddaear (Morg, Caerf)
gw. **offis pwyso'r glo, pwysdy**

tynfa *eb* unrhyw fan a fyddai'n tynnu aer neu wynt, megis yng nghyffiniau'r drysau
roedd rhaid cael y gwynt i dynfa (Rhos)

tyrn owt *eg* (Rhos) gw. **fflat**

wiced *eg* ll. **wicedi;** (Rhos) gw. **talcen** gw. ffig. 10

wyneb *eb* ll. **wynebe**
(i) (Rhos) gw. **ffas**
(ii) (Rhos) gw. **talcen** gw. ffig. 10
(iii) (G Morg) gw. **banc**

ymlân *adf* yng ngenau'r **district** y gweithid ynddo
odd rhaid bod ymlân erbyn cwarter i saith
(Caerf)

2 Mathau o waith a gweithwyr

ail law *eg* math o labrwr, un a gynorthwyai weithiwr profiadol neu grefftwr, *riparwr a'r ail law* (G Morg, Caerf) gw. **labrwr**

ar dasg *adf* gw. **dyn ar dasg**

ar y baw *adf* yn gyrru **hedin galed** (PD) gw. **censhmon**

ar y ffast *adf* yn gweithio mewn rhan hollol newydd o'r gwaith, mewn man lle na bu llacio o gwbl ar y glo (PD) gw. **gyrru i'r byw**

ar y tyrn *adf* gw. **dyn ar y tyrn**

bachgen *eg* ll. **bechgyn;** fel rheol mewn ymadroddion

bachgen bachu'r rhaff bachgen a gyflogid i fachu rhaff wrth y **siwrne** a dynnid i dop y **dyfn** neu i ben draw'r **fflat** (Rhos)

bachgen drofa bachgen a oedd yn gyfrifol am symud y pwyntiau ar y rheilffordd dan ddaear er newid cyfeiriad dram neu **siwrne** (Rhos)

bachgen fflat bachgen a weithiai yn **fflat** y **dreifar** gan gyplu dramiau llawn wrth ei gilydd a dadgyplu **siwrne** wag (Rhos)

bachgen tendio'r drws — bachgen a ofalai am agor a chau'r drysau a reolai rediad yr aer yn y priffyrdd dan ddaear (Rhos) gw. **drwswr**

bachwr *eg* — gweithiwr ar waelod y pwll a dynnai ddramiau gwag a ddaethai o'r **wyneb** allan o'r **carej** gan wthio dramiau llawn yn eu lle i'w dwyn i ben y gwaith (Tanyfr, PD) gw. **(h)itsiwr blân, (h)itsiwr cwt, hwciwr, tynnwr allan**

bancwr *eg* — (Caerf) gw. **bonciwr**

beimon *eg* — ll. **beimyn;** un a wnâi waith trwsio cyffredinol dan ddaear ac a weithiai'r **tyrn nos** fel arfer (Rhos)

bonciwr *eg* — gweithiwr a dynnai ddramiau llawn o'r **carej** ar ben y pwll, gan roi dramiau gwag yn eu lle i'w cludo dan ddaear (Rhos) gw. **bancwr**

calyn *be* — gweithio â cheffyl a dynnai ddramiau dan ddaear (Rhos, PD) gw. **(h)ala, (h)alio**

catsiwr *eg* — un a weithiai gyferbyn â'r **bachwr** i sicrhau na ddeuai'r dramiau llawn a wthid i mewn i'r **carej** allan ar yr ochr arall (PD)

censhmon *eg* — un a yrrai ffordd drwy graig neu drwy'r tir er mwyn ceisio dod o hyd i'r wythïen lo wedi iddi ddiflannu, neu er mwyn cysylltu dwy wythïen (Rhos) gw. **ar y baw, gwithwr tir caled, gwŷr (h)edin caled, gyrrwr trw'r graig**

clynwr *eg* — un a fyddai'n **calyn** (PD, Rhos) gw. **(h)aliar**

clynwr bôn — un a fyddai'n **calyn** o **basbyi** i'r **frest** yn hytrach nag o'r naill **basbyi** i'r llall (fel y gwnâi'r **clynwr darn allan**); câi'r **clynwr bôn** fwy o gyflog na'r **clynwr darn allan,** ac o ganlyniad tybiai ei fod yn bwysicach gweithiwr (PD)

clynwr darn allan		un a fyddai'n **calyn** o **basbyi** i **basbyi** (PD)
coediwr	*eg*	gweithiwr a fyddai'n gyfrifol am osod coed yng nghyffiniau'r priffyrdd dan ddaear er diogelwch: gwaith a wneid yn ystod y prynhawn neu'r nos ydoedd fel arfer (PD, Rhos), gw. **riparwr**
colier, coliar	*eg*	ll. **coliers, coliars;** gweithwyr a enillai gyflog am dorri glo (cyff)
crotyn	*eg*	ll. **crots;** bachgen ifanc, *dyn a chrotyn*— roedd yn arferol i lowyr gael **crots** i'w cynorthwyo wrth eu gwaith (Morg)
cwtwr	*eg*	y sawl a fyddai'n cadw'r **cwt** (Morg, Caerf)
cyplar	*eg*	un a fachai'r dramiau gweigion wrth ei gilydd wedi iddynt adael y **tynnwr allan** (Rhos)
dadgyplar	*eg*	un a ddatgysylltai'r dramiau llawn o'r **siwrne** yn y **llygad** (Rhos)
detlar	*eg*	dyn a dderbyniai gyflog wythnosol sefydlog gan y cwmni (Rhos) gw. **dyn cwmni, dyn cwmpni**
dogi	*eg*	(i) y sawl a ofalai am y ffyrdd dan ddaear, roedd hefyd yn oruchwyliwr dros y **dreifars** a'r **pwtiwrs** (Rhos) (ii) y sawl a drwsiai'r rheilffyrdd etc. dan ddaear; roedd hefyd yn bennaeth ar y **clynwrs** (PD) gw. **dyn ffor, gaffer haliers, (h)ewlwr**

dramiwr	*eg*	ef a fyddai'n gwthio dramiau i fyny ar hyd y **fforben:** roedd fel arfer yn hŷn na'r **pwtiwr** er mai dyn ifanc ydoedd (PD)
dramwr	*eg*	un a weithiai mewn **talcen carto** neu **dalcen shîts** a gwthiai ddramiau gwag o'r **partin** at **dalcennon** yr **hedin** a'r dramiau llawn oddiyno yn ôl i'r **partin:** gwaith i grwt ifanc ydoedd fel arfer (Morg, Caerf)
dreifar	*eg*	un a weithiai â cheffyl, a dynnai **siwrne** o tua deg o ddramiau rhwng **fflat y rhaffiwr** a **fflat y pwtiwr** (Rhos)
dropio top	*be*	gwaith y **dropiwr top** (PD) gw. **dropiwr top**
dropiwr top	*eg*	byddai llawer o'r gwythiennau glo ers talwm yn fwy trwchus na'r hyn y disgwylid i'r glöwr ei dorri (sef uchder o tua 5′ 6″), ac ar ôl iddo orffen torri glo mewn lle o'r math hwn, deuai **dropiwr top** i'r **ogo** er mwyn cael gwared ar y glo oedd ar ôl yn uwch na 5′ 6′; ystyrrid hyn yn waith a oedd yn talu'n dda gan nad oedd angen llafurio llawer er cael y glo oddiyno (PD) gw. **dropio top, mynd at y topia**
drwso	*be*	y gwaith a wneid gan y **drwswr** (Morg, Caerf) gw. **tendio drws**
drwswr	*eg*	y sawl a ofalai am agor a chau drysau a reolai rediad yr aer yn y priffyrdd dan ddaear; gwaith i fachgen ifanc neu i hen ŵr ydoedd fel arfer (Morg, Caerf) gw. **bachgen tendio'r drws**
dyn	*eg*	ll. **dynion**; fel rheol mewn ymadrodd
dyn bonc faw		un a weithiai ar y bonc faw (Rhos)
dyn calyn rhaff		teithiai ar **siwrne** wag o'r **llygad** i mewn i'r gwaith gan ddatgysylltu'r dramiau gwag

yn y pen draw: yna rhoddai ddramiau llawn wrth ei gilydd ar y rhaff, a dychwelyd ar y **siwrne** i'r **llygad** (Rhos) gw. **rhaffwr**

dyn cwmni (Rhos) gw, **detlar**

dyn cwmpni (Morg, Caerf) gw. **detlar**

dyn ffor (Rhos) gw. **dogi**

dyn ffyle y sawl a ofalai am y ceffylau dan ddaear (Rhos) gw. **osler**

dyn gwynt gweithiwr a ofalai fod llwybr dirwystr i'r aer dan ddaear, yn enwedig yn y priffyrdd (Rhos)

dyn yr (h)edin gweithiwr a yrrai'r **hedin** yn ei blaen (Morg)

dyn siâr gweithiwr mewn oed, yn hytrach na chrwt, a gâi dâl llawn (Morg)

dyn tsiec (Rhos) gw. **tsiecweier**

dyn ar dasg un y telid iddo yn ôl cyfanswm y gwaith a gyflawnai mewn wythnos (e.e. **colier)** (Rhos), gw. **dyn ar y tyrn**

dyn ar y tyrn (Rhos) gw. **dyn ar dasg**

gwŷr *ell* fel rheol mewn ymadrodd

gwŷr y banc dynion a weithiai ar ben y gwaith (G Morg) gw. **gwŷr y wyneb**

gwŷr (h)edin caled (Morg, Caerf) gw. **censhmon**

gwŷr nos dynion a weithiai'r **tyrn nos** (Morg, Caerf)

gwŷr gwaith cul		dynion a oedd yn gyfrifol am **hala'n gul** mewn **topol** ac am fwrw ffyrdd aer o'r naill **dopol** i'r llall (D Morg)
gwŷr y sgip		dynion a weithiai'r **sgip** (G Morg)
gwŷr y wyneb		(G Morg) gw. **gwŷr y banc**
egin colier	*eg*	crwt ifanc a ddysgai i fod yn golier (Caerf)
ffast		gw. **ar y ffast**
ffyiarman **ffiarman**	*eg*	ei waith oedd nodi ac archwilio llefydd dan ddaear a oedd yn anniogel oblegid nwy; âi o gwmpas y gwaith bob dydd cyn i'r glowyr ddechrau arni (Morg, Caerf, Rhos)
ffyiarman siot		un a ddysgai fod yn **ffyiarman** (Caerf)
gaffer **giaffar**	*eg*	goruchwyliwr (Morg, Caerf) (Rhos)
gaffer ben twyn		un a oedd yn oruchwyliwr ar weithwyr ar ben y pwll (G Morg)
gaffer haliers		y sawl a oedd yn ben ar yr **haliers** (Morg, Caerf) gw. **dogi**
gaffer traffic		y sawl a oruchwyliai drafnidiaeth yn y gwaith (Rhym)
gapars	*ell*	y rhai a weithiai yn llefydd y gweithwyr a oedd yn methu â bod yn eu gwaith (Morg, Caerf)
german	*eg*	gweithiwr a eisteddai ym mhen blaen **siwrne** o ddramiau llawn ar ei thaith i fyny'r **drifft**, gan ddatgysylltu'r dramiau ar ôl iddynt gyrraedd y **banc;** dychwelai ar **siwrne** o ddramiau gwag. Roedd gofyn i'r **german** fod yn ŵr heini gan fod ei waith yn

beryglus iawn ar brydiau, e.e. pan fyddai'r rhaff a ddaliai'r dramiau wrth ei gilydd yn torri (Trebth), gw. **reidar**

gweithiwr **gwithwr**	*eg*	ll. **gweithwyr;** (PD, Rhos, Tanyfr) ll. **gwithwrs, gwithwyr;** (Morg, Caerf)
gweithiwr ar y tyrn		(Tanyfr) gw. **llenwr**
gwithwr tir caled		(Morg, Caerf) gw. **censhmon**
gyrru i'r byw	*be*	(Rhos), gw. **ar y ffast**
gyrrwr y soni	*eg*	y sawl a ofalai am y **soni** sef y peiriant ar ben y gwaith a dynnai'r **siwrneion** (Rhos)
gyrrwr trw'r graig	*eg*	(Rhos) gw. **censhmon**
(h)ala **(h)alio**	*be*	(Morg, Caerf) gw. **calyn**
(h)aliar **(h)alier**	*eg*	(Morg, Caerf) gw. **clynwr**
(h)ewlwr	*eg*	(Morg, Caerf), gw. **dogi**
(h)itsiwr blân	*eg*	gweithiwr a dderbyniai ddramiau llawn i fewn i'r **carej** ar waelod y pwll (D Morg) gw. **bachwr, hwciwr**
(h)itsiwr cwt	*eg*	gweithiwr a dderbyniai ddramiau gwag allan o'r **carej** ar waelod y pwll (D Morg) gw. **bachwr, tynnwr allan**
hwciwr	*eg*	un a wthiai ddramiau llawn i'r **carej** ar waelod y pwll i'w cludo i'r **bonc** (Rhos) gw. **bachwr, (h)itsiwr blân**
jac myc	*eg*	gweithiwr a gyflogid gan y cwmni i droi ambell ddram drosodd ar ben y pwll cyn iddi gyrraedd y **sgrins**. Os cafodd ei llenwi'n frwnt, byddai'r sawl a oedd yn

		gyfrifol yn cael ei gosbi; roedd **jac myc** yn amhoblogaidd iawn gan y glowyr (D Morg)
labrwr	*eg*	gweithiwr a gynorthwyai weithiwr profiadol neu grefftwr (Morg, Caerf) gw. **ail law**
lladd dŵr	*be*	hyd at ddechrau'r ganrif ddiwethaf cyflogid bechgyn ifainc, a weithiai yn ystod y nos, i wagio dŵr a gronnai mewn **ogofey(dd)** gwlyb: defnyddient fwced a rhaw i godi'r dŵr i ddram arbennig ac iddi blwg yn ei gwaelod, a'i gwagio i hen le gerllaw (PD)
lladdwr dŵr	*eg*	gw. **lladd dŵr**
llanwr dŵr	*eg*	un a gyflogid i gael gwared ar ddŵr o du mewn i'r gwaith (Llndyb)
llaw gynta	*eg*	y prif weithiwr mewn cwmni o weithwyr (Morg, Caerf)
llenwr	*eg*	gŵr ifanc a weithiai, fel arfer, mewn **wiced** gyda dau löwr arall: byddai'n gyfrifol am lwytho'r glo, a dynasai'r glöwr o'r **wyneb,** i ddram, a gludid oddi yno gan y **pwtiwr** (PD, Rhos) gw. **gweithiwr ar y tyrn**
mynd at y topia	*be*	(PD) gw. **dropio top**
osler	*eg*	(Morg, Caerf) gw. **dyn ffyle**
peitsiwr	*eg*	gweithiwr, mewn rhai o weithfeydd glo Y Rhos, a ddefnyddiai'r **paitsh;** math o focs tun ydoedd, yn agored ar un pen, a dynnid ar hyd y llawr ac o dan y glo a orweddai yng nghyffiniau'r **wyneb,** a'i wacáu i ddram gerllaw (Rhos)

pipi dywn *eg* gweithiwr sâl, anghelfydd (PD)

pwtiwr *eg* bachgen ifanc, fel arfer, a weithiai â cheffyl, gan gludo dramiau gwag a llawn rhwng **fflat y pwtiwrs** a'r **wyneb** (Rhos)

pwtio *be* gw. **pwtiwr**

pwyswr *eg* dyn a gyflogid gan y cwmni i bwyso cynnwys dramiau'r glöwr yn y tŷ pwyso (cyff)

pystwr *eg* un a fyddai'n gosod pyst dan ddaear (D Morg)

reidar *eg* (Caerf, Morg) gw. **german**

riparwr *eg* ll. **riparwyr;** gweithiwr a fyddai'n gyfrifol am drwsio'r coed ar y priffyrdd, a gosod rhai newydd pan fyddai angen: ystyrrid ef yn grefftwr medrus iawn (Morg, Caerf) gw. **coediwr**

ripwr *eg* un a gyflogid i dynnu top anniogel i lawr yng nghyffiniau'r priffyrdd (Morg)

rhaffwr *eg* ll. **rhaffwrs;** un a deithiai ar **siwrne** wag o'r llygad i berfedd y gwaith gan ddatgysylltu'r dramiau gwag yn y pen draw, ac yna rhoi dramiau llawn at ei gilydd cyn dychwelyd i'r **llygad** (Rhos)

safiwr *eg* un a delid gan y glöwr i dynnu trwch o dir meddal, a geid weithiau o dan y wythïen ar hyd wyneb y **wiced** oddi yno â **phig:** byddai creu gwagle odditanodd yn y dull hwn yn peri i'r glo ddisgyn yn haws o'r **wyneb** (Rhos), gw. **(h)olo, safio**

sblitio'r gwynt *be* defnyddio **bradish** er mwyn gyrru'r aer, a redai dan ddaear, i fwy nag un cyfeiriad (Rhos)

sbwnjars *ell* enw a roddid gan lowyr cyffredin ar weithwyr a gâi weithio ar y glo yn ystod y nos gan nad oedd llefydd ar gael ar eu cyfer yn ystod y dydd (Morg, Caerf)

set *eg* ll. **setia**
(i) cwmni o ddynion a weithiai gyda'i gilydd mewn un **ogo** (PD)
(ii) **llenwr** a dau bartner (ceid **safiwr** yn ogystal mewn rhai llefydd); telid y cyflog fesul **set,** gyda'r tri aelod yn ei rannu ymhlith ei gilydd a hynny ar eu ffordd adre, fel arfer (Rhos)
(iii) cwmni o ddynion a weithiai gyda'i gilydd mewn un **wiced:** golyga hyn, fel arfer, **lenwr, dyn ar y tyrn** a dau bartner (Tanyfr)

shincwr *eg* dyn a suddai bwll glo (Morg, Caerf)

siotsman *eg* dyn a gyflogid ers talwm i ffrwydro tyllau yn y **ffas** yn **nhalcennon** y glowyr (Morg, Caerf)

simo *be* rhoi saim, gan ddefnyddio darn o bren neu chwistrell bwrpasol, ar ecsdri olwynion dramiau ar ben y gwaith er mwyn sicrhau eu bod yn symud yn ddilestair: gwaith i grwt neu hen ŵr ydoedd fel arfer (Morg, Caerf), gw. **woblo**

simwr *eg* gw. **simo**

taniwr *eg* gweithiwr ar ben y gwaith a ofalai am y ffwrneisiau a gynhyrchai stêm er gweithio peiriannau (Rhos)

tendio drws
tendied drws *be* y gwaith o ofalu am agor a chau drysau a reolai rediad yr aer yn y priffyrdd dan ddaear: gwaith i grwt ifanc neu hen ŵr ydoedd fel arfer (Rhos)
gw. **drwso**

torrwr glo *eg* glöwr, **colier** (PD)

troi rhaff y jig gwaith i hogyn ifanc: golygai ei fod yn gyfrifol am yrru **tybia** yn eu blaenau at waelod y pwll ar y **jig,** wedi iddynt adael tiriogaeth y **clynwrs darn allan** (PD)

trolio *be* cynorthwyo'r dynion a drwsiai'r ffyrdd dan ddaear: gwaith i grwt ydoedd fel rheol (Rhos)

tsiecweiar *eg* gweithiwr a gyflogid gan y glowyr i gadarnhau, ar eu rhan hwythau, bwysau'r dramiau llawn a bwysid yn y **tŷ pwyso** gan **bwyswr** y cwmni: talai pob colier geiniog neu ddwy yr wythnos er cyflogi'r **tsiecweiar** (Morg, Caerf)
gw. **dyn tsiec, tsiecweman**

tsiecweman *eg* (Rhos) gw. **tsiecweiar**

tynnwr allan *eg* y sawl a dynnai ddramiau gweigion allan o'r **carej** a laniai yn y **llygad,** a'u gwthio ymlaen at y **cyplar** gerllaw (Rhos)
gw. **bachwr, (h)itsiwr cwt**

woblo *be* (Llangenn), gw. **simo**

3 Gweithio ar y glo

aero *be* newid yr awyr dan ddaear drwy beri i awyr iach symud drwyddo
aero'r gwaith (Morg, Caerf)
gw. **gwyntio**

agor gwaith *be* bwrw i le newydd mewn gwaith glo er mwyn gweithio'r glo oddi yno (Morg, Caerf)

agor mâs *be* wrth weithio system y *pillar and stall* roedd yn arferiad i weithio **ffas** gul am y deg llath cyntaf o'r **talcen:** o hynny ymlaen byddai'r glöwr yn **agor mâs,** sef yn gweithio **ffas** letach (Morg, Caerf)
gw. **(h)ala'n gul**
gw. ffig. 1

ar dalcen slip gweithio haenau'r wythïen lo o'r ochr yn hytrach nag yn union o flaen y gweithiwr: mewn priffordd, e.e. **hedin,** y gwneid hyn fel arfer (Morg)
gw. **ar annar cwrs**

ar annar cwrs (Dowl) gw. **ar dalcen slip**

ar gêt *ffordd oedd wedi bod ar gêt ers amser*— ffordd y buwyd yn ei gyrru ers amser (Rhos)

ar y bari		dull o dorri glo lle byddai glowyr yn gweithio ar **ffas** hir, agored, ochr yn ochr â'i gilydd (Caerf) gw. **gwitho pishiz, stento**
ar y siafft		cynorthwyo glöwr profiadol mewn **talcen carto** drwy lenwi glo a dorasid i gart gwag gerllaw'r **ffas,** ei wacáu i'r **siafft** a'i lenwi oddi yno i ddram pan fyddai'n bryd: gwaith i grwt ifanc ydoedd fel arfer (D Morg)
bacen	*eb*	darn o'r wythïen lle y gorweddai'r haenau glo tuag i mewn, ac i ffwrdd oddi wrth y glöwr a'i hwynebai (Morg, Caerf) gw. **brigyn, graen ar ei gefn, talcen ar y bac,** gw. ffig. 2
bari		gw. **ar y bari**
bâs, bas	*eg*	y llawr, gwaelod y **wiced** *chwyddodd y bâs* (Rhos)
basiyn	*eg*	rhwystr o goed a cherrig a godid i gau **talcen** na weithid ynddo mwyach, fel nad âi aer iddo heb eisiau (Llandyb)
baw	*eg*	llaid (cyff)
baw safin		(Rhos) gw. **(h)olyn**
ben rewl **pen rewl**	*eg*	y tir a ffiniai ar y ffordd a redai ynghanol **talcen** *cal pen rewl i ledo*—gweithio'r glo yn y fath fodd fel y bo canol y **ffas,** yn hytrach na'r naill ben, ar y blaen o hyd (Morg, Caerf), gw. **penffordd,** a hefyd **talcen** gw. ffig. 8
bonyn	*eg*	ll. **bonion;** (Rhos) gw. **ffasen**
bonyn	*eg*	ll. **boniach;** y rhan isaf o'r **ffas** lo (Morg, Caerf)

bradish	*eg*	lliain o natur cynfas a drwythwyd mewn math o olew ac a ddefnyddid dan ddaear i reoli rhediad yr aer (cyff)
brest	*eb*	(PD) gw. **wyneb** (ii)
brig	*eg*	y rhan o **ffas** yr **hedin** a oedd yr ochr uchaf i'r **hewl,** *gwitho i'r brig* (D Morg) gw. **llaw ucha, topsed**
brigyn	*eg*	ll. **brigynnod;** (Rhos) gw. **bacen**
brigyn	*eg*	(i) y rhan uchaf o'r **ffas** y byddid yn gweithio arni gyntaf wrth drin **bacen** (Morg, Caerf) (ii) y tir rhwng dwy haen o lo (Morg, Caerf) *torri'r brigyn*—tynnu'r tir rhwng dwy haen o lo er mwyn rhyddhau'r glo oedd uwch ei ben neu odano
bwt	*eg*	gwagle *olo bwt dan y glo* *odd dou fwt 'ta chi, un bob ochor i'r piler* (Treban)
cal tamaid allan		gweithio'r glo ar hyd y **frest** yn drefnus ac yn gyson, fel yr âi'r **ogo** yn ei blaen, yn hytrach na'i weithio'n llwyr o un pen cyn dechrau ar y pen arall (PD)
cario lled		torri lled digonol, e.e. wrth **ddrifo hedin** (Morg, Caerf)
cario uwchder		torri uwchder digonol, e.e. wrth **ddrifo hedin** (Morg, Caerf)
catw sbâr		cadw lle gwag *catw sbâr rhwng y cwt a'r gob i'r aer gal trafili* (Maerdy)
censio	*be*	*censio top*—torri darnau o'r **top** i lawr (PD)

cered *be* bod yn bresennol, *rodd* **presen** *yn cered trw'r ffas man lle'r oen i* (Morg, Caerf)

citsio yn y sgip ymgymryd â gweithio'r **sgip**; dyna wnâi **gwŷr y sgip** pan fyddent **mas o le** (G Morg)

claddu'r wythïen gyrru **hewl talcen** ychydig yn uwch na gwaelod y wythïen lo: byddai cadw llawr o lo yn yr **hewl** yn rhwystro'r gwaelod rhag **pwco** (Caerf)

clanshis *ell* plygiadau a geid yng ngwaelod y wythïen o dan y corff glo yn y **ffas** (G Morg)

clino *be* gyrru ar hyd llethr
clino'r glo (Morg, Caerf)

clodo *be* cael y **gloden** i lawr o'r **ffas;** rhaid oedd gwneud hyn cyn tynnu'r glo oddi yno rhag i'r ddau gymysgu â'i gilydd (Caerf)

clywnio *be* profi diogelwch y top gyda'r **big** (PD)
gw. **swno**

cnau *be* glanhau, *cnau'r glo*—trin y glo yn y **ffas** fel y deuai allan yn lân a heb faw (Rhos)

cob *eg* (GCG) gw. **gob**
gw. ffig. 8

cobo *be* (GCG) gw. **gobo**

codi ychdwr gwneud mwy o le rhwng y llawr a'r **top** mewn **ogo** neu brifford (PD)

crampo *be* gosod **cramps** mewn darn sylweddol o lo er mwyn ei chwalu (Morg, Caerf)

cropin *eg* y rhan o'r **ffas** a oedd yng nghyffiniau'r **ffin** (Trci)

cwr *eg* *cymryd y glo o'i gwr*—cael y glo o'r **ffas** yn

anghelfydd yn hytrach na'i weithio oddi yno yn drefnus (PD)
gw. **dannedd, sgaldragan, sgarjo, snwbo, tynn**

cwt *eg* (i) *ma cwt yn y ffas*—nid yw'r **ffas** yn mynd yn ei blaen yn gyson, h.y. mae un **talcen** neu ragor ar ôl (Rhyd)
gw. **stepyn**
(ii) toriad unionsyth tua 9 modfedd ar draws a thua 18 modfedd i mewn a wneid gyda **mandrel** o'r top i'r gwaelod ar un pen i'r **ffas.** Fel arfer torrid **cwt** yn y **talcen** cyntaf mewn rhes o **dalcennon** er mwyn
(a) rhoi bywyd yn y glo a thrwy hynny ei wneud yn haws i'w gael o'r **ffas;**
(b) galluogi'r glöwr i gael gafael ar ymylon y **slips** a redai ar hyd y **ffas.** Ni fyddid yn torri **cwt** yn y **talcennon** eraill fel arfer gan y rhoddai'r **talcen** cyntaf **ben rhydd** i'r gweddill ohonynt. Yn ardaloedd y **glo carreg** defnyddid ffrwydron yn aml i wneud y **cwt**
ma'r cwt yn ffas Dai Coch: pwy sy'n cadw'r cwt fan 'yn? (Morg, Caerf)
gw. **(h)edin, rib**
gw. ffig. 3

cwt rhydd *eg*
cwt sown *eg* mewn **talcen dwbl** byddid yn bwrw i'r glo mewn dau fan gan adael piler bychan o lo rhyngddynt, a **hewl** bob ochr i'r piler: cyfeirid at y **ffas** ar un ochr i'r piler fel **y cwt rhydd** ac at y ffas bellaf i mewn fel **y cwt sown** (Llangenn)
gw. **llaw rhydd, llaw sown**

cwto *be* torri **cwt** (Morg, Caerf), gw. **hedio**

cychwyn ogo *be* (PD) gw. **troi talcen**

dal *be* *dal ato*—dyna a wnâi'r glöwr pan fyddai'n unioni cyfeiriad **ogo** wedi iddi ddechrau gwyro (PD), *dal i ffwr*—dyna a wnâi'r glöwr wrth fwrw cyfeiriad yr **ogo** ychydig oddi ar y cymwys (PD)

dannedd *ell* *tynnu'r glo wrth ei ddannedd* (Ystrad)
gw. **cwr**

dintio *be* *dintio'r gwilod* (PD)
gw. **torri pwcynz**

diol *eg* ll. **diolydd;** offeryn a ddefnyddid gan archwiliwr tir i sicrhau bod y priffyrdd a yrrid dan ddaear yn rhedeg yn gymwys ac yn ddiogel (Rhos)

dioli *be* defnyddio **diol** (Rhos)

dipsed *eg* y rhan o **ffas** yr **hedin** a oedd yr ochr isaf i'r **hewl** (Caerf)
gw. **llaw isha, sawdd**

disdans *eg* terfyn tiriogaeth **talcen** (Morg, Caerf)
gw. **ffin, terfyn,** a hefyd **talcen**
gw. ffig. 8

dodi pwynt *be* gosod pwynt neu arwydd (e.e. lamp wedi'i goleuo) wrth yrru **hedin galed** neu **lefel,** i sicrhau ei bod yn mynd yn ei blaen yn gymwys (Morg, Caerf)

drifo *be* *drifo hedin*—gyrru **hedin** yn ei blaen (Morg, Caerf), gw. **(h)ala (h)edin, gyrru**

dyrnu'r glo yn ei dynn gw. **tynn**

ecan *be* trin y glo yn gelfydd a'i weithio'n drefnus allan o'r **ffas**
ecan y glo (Cwmtrch)

entro *be* dechrau **talcen** gan fwrw oddi ar briffordd (Morg)

ercyd *be* *ercyd y glo*—peri i'r glo ymlacio yn y **ffas** drwy danio ychydig o ddeunydd ffrwydro (Ystrad)

ergyd *eg* yr hyn o lo a gafwyd o'r **ffas** yn ganlyniad i danio ffrwydriádau
mae'n rhaid iti glirio dy ergyd cyn mynd oddi yma (Rhos)

ffal *eb* ll. **ffalie;** y gwagle rhwng y **pentan** a'r **penffordd:** yno y gosodid **ffyrch** (Rhos)
gw. **wiced**
gw. ffig. 10

ffas *eb* (Morg, Caerf) gw. **wyneb,** a hefyd **talcen**
gw. ffig. 8

ffasen *eb* darn o'r wythïen lle y gorweddai'r haenau glo tuag allan (y gwrthwyneb i **bacen**) (Morg, Caerf), gw. **bonyn, slipen, talcen ar y ffas, talcen slip**
gw. ffig. 4

ffin *eg* (D Morg) gw. **disdans,** a hefyd **talcen**

ffordd aer *eb* ll. **ffyrdd aer;** (Morg, Caerf)
gw. **twll aer**

ffordd wynt *eb* (PD, Rhos), gw. **twll aer**

gafel *eg* ll. **gafeilon;** man yn y **ffas** lle medrai'r glöwr daro ar un o haenau'r wythïen ac o ganlyniad dynnu tipyn o lo i lawr yn gymharol ddidrafferth (Morg, Caerf)
gw. **graen, gwaith, pinsh, slip**

gêt *ar gêt—roedd y ffor(dd) ar gêt ers amser*—buwyd yn gyrru'r ffordd ers amser

gob *eg* ll. **gobydd;** gwagle yn rhedeg ar hyd ochrau **talcen** neu **hedin** a lenwid â baw a cherrig a gawsid wrth dynnu glo ac wrth drin y **top** (Morg, Caerf)
gw. **cob, pentan,** a hefyd **talcen**

gobo *be* llenwi'r **gob** (Morg, Caerf), gw. **cobo**

graen *eb* (PD) gw. **gafel**

graen ar 'i gefn — **ffas** lle y gwyrai'r glo tuag i mewn (PD) gw. **bacen**

graen codi — *graen codi ar y glo*—disgrifiad o **ffas** lle y gwyrai'r haenau glo tuag allan (PD) gw. **ffasen**

gwaith *eg* (i) *on ni'n trio cael gwaith neu ddau yn y frest* (PD), gw. **gafel**
(ii) bywyd yn y wythïen lo (Morg, Caerf) gw. **gwitho**

gwaith *eg* llafur (cyff)

gwaith marw — unrhyw waith a wnâi'r glöwr nad oedd yn ymwneud yn uniongyrchol â thorri glo—e.e. torri gwaelod, gosod pyst ac ati (Morg, Caerf), gw. **gwaith wast**

gwaith nôl — unrhyw waith a gyflawnid y tu ôl i'r gweithiwr a weithiai ar y **ffas,** e.e. **(h)ewlo, riparo**

gwaith wast — (Rhos), gw. **gwaith marw**

gwarant *eg* gwaelod yr **ogo** (PD)

gwlodion *ell* *codi'r gwlodion* (Rhos) gw. **torri pwcynz**

gwilod *eg* (i) y llawr dan draed y glöwr, *odd raid i ni sithu gwilod miwn ambell i le* (Morg, Caerf)
(ii) ochr isaf **ffas** y **wiced**
pedair llath o wilod (Rhos)

gwitho *be* llafurio, cyflawni gwaith (cyff)

gwitho pishis — (Caerf) gw. **ar y bari**

gwitho ar i gwtshi		gweithio tra'n eistedd ar y sodlau: dyna sut y gweithiai'r glöwr mewn gwythïen denau (Caerf)
gwitho rwbins		wrth weithio system y *pillar and stall* (gw. **piler**) gadewid piler o lo heb ei weithio rhwng pob **talcen.** Ar ôl bwrw'r talcennon yn eu blaenau am bellter helaeth (tua 80 llath efallai) dychwelai pob glöwr i gyfeiriad genau'r **talcen** gan weithio'r piler glo oddi yno a gadael i'r top ddisgyn (Llangenn) gw. **sblitio pilars, tynnu mâs, tynnu nôl**
gwneud dŵr		gollwng dŵr: byddai rhai llefydd dan ddaear yn *gwneud dŵr* yn gyson, h.y. disgynnai dŵr o'r top yno (PD)
gwynt iach	*eg*	awyr iach (PD)
gwyntio	*be*	(Tanyfr) gw. **aero**
gyrru	*be*	bwrw ymlaen, *gyrru croesydd, gyrru i'r byw*—bwrw i dir newydd na fu llacio arno cyn hynny (PD), gw. **drifo hedin**
hala	*be*	*hala hedin* (Morg, Caerf), gw. **drifo hedin,** *hala'n gul*—gweithio **ffas** gul a oedd, am y deg llath cyntaf, ychydig yn fwy llydan na lled yr **hewl,** mewn **talcen** a weithid yn null y *pillar and stall* (Morg, Caerf), gw. **agor mâs**
(h)edad	*eg*	y rhan o'r **talcen** y byddid yn **hala'n gul** ynddo wrth weithio dull y *pillar and stall* (Morg, Caerf), gw. ffig. 1
hedio	*be*	(PD) gw. **cwto**
hedin	*eg*	*cal pen hedin*—gyrru'r **hedin** (h.y. y **cwt**) yn ei flaen (PD), gw. **cwt**
(h)edo lan	*be*	gyrru **hedad** yn ei flaen (Morg, Caerf)

hediwr *eg* un a fyddai'n **hedio** (PD)

(h)olo *be* tynnu trwch o dir meddal, a orweddai dan y wythïen lo neu rhwng y rhaniadau a geid ynddi, ar hyd y **ffas,** drwy ddefnyddio **mandrel;** byddai creu gwagle oddi tanodd yn y fath fodd yn peri i'r glo ddisgyn yn haws (Morg, Caerf), gw. **safio, suo**
gw. ffig. 5

(h)olyn *eg* (i) yr hyn a dynnid wrth **holo**
(ii) y rhan o'r **ffas** y tynnwyd yr **holyn** ohoni (Morg, Caerf)
gw. **baw safin, slec safin, safin**

llanw mâs *be* llanw glo i ddram a oedd i'w gyrru i ben y gwaith (Morg, Caerf)

llaw *eb* fel rheol mewn ymadroddion

llaw isha (Morg, Caerf) gw. **dipsed**

llaw rydd
llaw sown (Caerf) gw. **cwt rhydd, cwt sown**

llaw ucha (Morg, Caerf), gw. **brig**

lle *eg* ll. **llefydd;** fel rheol mewn ymadroddion

lle moelyd lle a wneid yn ochr priffordd neu **dalcen** i droi dram wag oddi ar yr **hewl** er mwyn gwneud lle i fynd â dram lawn heibio iddi (Morg, Caerf), gw. **lle twmlo, moelad, moelfa, tos, tosin**

lle rhwydd lle y ceid glo o'r **ffas** yn gymharol ddidrafferth (Morg, Caerf)

lle twmlo (Morg), gw. **lle moelyd**

llondred *eg* y llwyth bychan o lo a yrrid gan grwt ar hyd shît dun o'r **ffas** hyd at y **stajyn** pan weithiai mewn **topol** (Trims)

magu	*be*	*magu gwyneb* (Tanyfr), gw. **troi (i)**
malc	*eg*	ll. **malcie** (i) tafliad yn y wythïen lo, *malc brigyn*—tafliad am i fyny, *malc bonyn*—tafliad am i lawr (Rhos), gw. **stepan** (ii) marc neu raniad naturiol yn y glo (PD)
mâs o bwynt		disgrifiad o ffordd na redai mor syth ag y bwriadwyd iddi fynd (Morg)
moelad	*eg*	(G Morg), gw. **lle moelyd**
moelfa	*eg*	(Caerf), gw. **lle moelyd**
montesh	*eb*	*roi montesh i'r glo*—peri i lo'r **ffas** ryddhau a'i wneud yn haws i gael oddi yno, e.e. trwy **gwto** (G Morg)
ogo	*eb*	ll. **ogofey(dd);** (PD), gw. **talcen, wyneb**
cychwyn ogo		dechrau ffurfio **ogo,** gw. **troi**
partin	*eg*	rhaniad yng nglo'r **ffas** neu yn y **top** (Rhos, PD)
penffor(dd)	*eg*	y tir a ffiniai ar yr **hewl** a redai ynghanol y **wiced** (Rhos), gw. **ben rewl,** a hefyd **wiced** gw. ffig. 10
pen ola		pen pella'r **frest,** a oedd fel arfer tua'r dehau, *magu pen ola*—gweithio'r **frest** fel bo'r **pen ola** dipyn ar ôl y gweddill (PD)
pen 'r hedin		pen y **frest** a oedd agosaf at yr **hedin** (PD)
pen rhydd		wrth dorri **cwt** yn y **ffas** byddai'r **talcen** cyntaf mewn rhes o **dalcennon** yn rhoi **pen rhydd** i'r gweddill (Morg, Caerf) gw. **cwt**
pentan	*eg*	ll. **pentanne;** gwagle yn rhedeg ar hyd

		ochrau'r **wiced** neu **fforben** a lenwid â baw a cherrig a gawsid wrth dynnu glo ac wrth drin y **top** (Rhos), gw. **gob,** a hefyd **wiced**, gw. ffig. 10
piler	*eg*	wrth weithio dull y *pillar and stall* gadewid piler o lo tua 12 llath ar draws rhwng bob **talcen** neu **dopol:** cedwid y piler o enau'r **talcen** hyd at ei diwedd er mwyn cynnal y **top** gan arbed gwaith coedio, ond byddid weithiau yn dychwelyd, ar ôl bwrw **talcennon** am bellter helaeth, i gyfeiriad y genau gan weithio'r pileri glo oddi yno a gadael i'r **top** ddisgyn (Morg, Caerf) gw. ffig. 6
piler bach		mewn **talcen dwbl** gadewid **piler** bychan rhwng dwy **hewl** y **talcen** am y tair llath cyntaf (Morg, Caerf), gw. ffig. 7
piler mawr		y **piler** rhwng bob **talcen dwbl** (Morg, Caerf), gw. ffig. 7
pinno myc	*be*	llenwi gwagle (e.e. y **gob)** â baw a cherrig (Morg, Caerf)
pinsh	*eg*	(Trci), gw. **gafel**
plingan	*be*	procio'r glo yn y **ffas** (e.e. gan ddefnyddio **bar**) (Rhym), gw. **pwtian, pwto**
plwmpo	*be*	defnyddio pwmp i gael gwared ar ddŵr dan ddaear (Morg, Caerf)
pwtian	*be*	(Cwmtrch), gw. **plingan**
pwto	*be*	(i) (Cwmt), gw. **plingan** (ii) chwilio am lo ar wyneb y ddaear drwy fwrw i mewn i'r tir (Morg)
rib **ribad**	*eg*	(i) (Caerf), gw. **cwt** (ii) ymyl solet **talcen** neu **hedin** (Morg, Caerf)

ribo	*be*	(Caerf), gw. **cwto**
ripins	*ell*	yr hyn a dynnid i lawr o'r **top** wrth **ripo** (Morg, Caerf), gw. **rhipied**
ripo	*be*	tynnu'r top i lawr â **bar** er mwyn gwneud uchder (Morg, Caerf)
rŵff	*eg*	y top, y nenfwd dan ddaear (PD, Rhos) gw. **top**
rwffo lan	*be*	bwrw i fyny o'r naill wythïen i'r llall er mwyn gwneud **ffordd aer** (Morg)
rwglo	*be*	procio, *rodd y ffiarman yn rwglo'i ffon yn y* **safin** (PD)
rhedeg	*be*	*rhedeg ei chwrs, rhedeg yn driw*—dyna sut y disgrifid gwythïen a redai'n gyson ac yn ôl y disgwyl (Morg, Caerf)
rhipied	*eg*	ll. **rhipion;** (Rhos), gw. **ripins**
rhugied	*eg*	rhaniad neu rwyg yn y wythïen lo (Rhos)
safin	*eg*	yr hyn y byddid yn ei **suo** o'r **frest** (PD) gw. **(h)olyn**
safio	*be*	(Rhos), gw. **(h)olo**
sawdd	*eg*	(Morg), gw. **dipsed**
sbâr	*eg*	lle gwag, *catw sbâr rhwng y* **cwt** *a'r* **gob** *er mwyn i'r aer gâl trafaelu* (Caerf)
sblitio pilars		(PD), gw. **gwitho rwbins**
sgaldragan	*be*	(D Morg), gw. **cwr**
sgarjo	*be*	(Morg, Caerf), gw. **cwr**
sgarsio	*be*	tynnu darnau rhydd i lawr, *sgarsio'r top* (PD), gw. **tapo twll**

sgip *eg* y glo a redai gydag ochrau'r **hedin** ac a weithid oddi yno hyd at ryw chwe llath i mewn: fel arfer y dyn a yrrai'r **hedin** yn ei flaen a fyddai'n gweithio'r **sgip:** er hynny rhoddid y gwaith hwn weithiau i löwr a oedd heb **dalcen** i weithio ynddo (Morg)

sgwto *be* gwaith crwt a weithiai mewn **topol** oedd gwthio'r glo a dorrwyd o'r **ffas** i lawr ar hyd shîts tun at y **stajyn:** gelwid y gwaith hwn yn *sgwto glo* (Morg, Caerf) gw. **shîto**

shinco *be* bwrw drwy'r gwaelod, *shinco lawr i neud* **pwll bach** (Morg)

shîto *be* gosod shîtiau tun er gwthio glo ar hyd iddynt o **ffas** y **topol** i lawr at y **stâj** (Trims)

shŵtad *eg* gwagle a gedwid rhwng y **gob** a'r **rib** er mwyn hyrwyddo rhediad yr aer (Llangenn) gw. **wasd**

siafft *eg* (D Morg), gw. **staj, stajyn**

slec *eg* glo mân, *slec safin* (Rhos), gw. **(h)olyn**

slip *eg* ll. **slips;** (Morg, Caerf), gw. **gafel**

slipen *eb* (Llangenn), gw. **ffasen**

snwbo *be* (D Morg), gw. **cwr**

stâj
stajyn *eg* lle yng ngenau **topol** neu **dalcen** i gadw glo a dorrwyd o'r **ffas:** gwneid twll yn y gwaelod a gosod darn o bren ar draws y pen blaen fel na ddymchwelai'r glo allan i'r **hedin;** ymhen ychydig cludid y glo oddi yno mewn dram (Caerf), gw. **siafft**

stanc *eg* (Trebth), gw. **stonc**

stent *eg* darn o **ffas** hir agored y gweithiai nifer o lowyr arni ochr yn ochr â'i gilydd: byddai pob un ohonynt yn gyfrifol am **stent** o ryw bedair llath (Rhym), gw. **ar y bari**

stento *be* gweithio **stent** (Rhym), gw. **ar y bari**

stepan *eb* (PD), gw. **malc**

stepyn *eg* *ma stepyn yn y ffas*—nid yw'r **ffas** yn rhedeg yn gyson: mae un **talcen** ar ôl (D Morg), gw. **cwt**

stonc *eg* y glo ynghanol y **ffas** (D Morg), gw. **stanc**

su *eg* cyfnod o **suo,** *cael su am ryw ddeng munud* (PD), gw. **(h)olo**

suo *be* (PD) gw. **(h)olo,** *suo'i ddaint*—yr **hediwr** fyddai'n gyfrifol am **suo** yn yr **hedin,** a hwnnw tua hanner llath ar draws; ond y glöwr ei hun a fyddai'n **suo** ar hyd gweddill y **frest;** yn hyn o beth dywedid bod yr **hediwr** yn **suo'i ddaint** (PD)

swno *be* taro coes **mandrel,** neu offeryn tebyg, yn erbyn y **top** cyn dechrau ar unrhyw waith mewn man arbennig. Pe clywid sŵn gwag wrth wneud hyn, ystyrrid y lle hwnnw yn anniogel (Morg, Caerf), gw. **clywnio**

talcen *eg* ll. **talcennon;** y man y torrai'r glöwr cyffredin ei lo: gweithiai fel arfer **ffas** o ryw 10—12 llath (Morg, Caerf)
gw. **ogo, wyneb, wiced**
gw. ffig. 8

talcen ar y bac (Morg, Caerf), gw. **bacen**

talcen ar y ffas (Morg, Caerf), gw. **ffasen**

talcen carto **talcen** y cludid y glo ohono mewn cart:

		gwneid hyn fel arfer pan fyddai'r wythïen yn denau (Morg, Caerf)
talcen cwto		**talcen** y byddid yn **cwto** ynddo (Morg, Caerf), gw. **talcen pen sownd**
talcen dwbwl **talcen dwy (h)ewl**		**talcen** ac ynddo ddwy reilffordd ar gyfer dau griw o lowyr (Morg, Caerf)
talcen pen sownd		(Rhos), gw. **talcen cwto**
talcen shingel		**talcen** a weithid gan un glöwr, neu gan un criw o lowyr (Morg, Caerf)
talcen shîts		**talcen** y ceid glo'r **ffas** oddi yno drwy ei wthio neu'i daflu ar hyd rhes o shîtiau tun i lawr at geg y talcen: defnyddid y dull hwn mewn llefydd serth (D Morg)
talcen slip		(Morg, Caerf), gw. **ffasen**
tamaid		gw. **cal tamaid allan**
tapo twll	*be*	(Morg, Caerf), gw. **sgarsio**
terfyn	*eg*	(Rhos), gw. **disdans,** a hefyd **wiced** gw. ffig. 10
top	*eg*	(i) y nenfwd dan ddaear, *top iach, top cwar* (Morg, Caerf) (ii) y rhan o'r **ffas** a oedd yr ochr uchaf i **hewl** y **wiced:** *chwe llath o dop* (Rhos) gw. **wiced**
topsed	*eg*	(Caerf), gw. **brig**
torri	*be*	fel rheol mewn ymadroddion
torri brigyn		tynnu'r tir a oedd rhwng dwy haen o lo yn y wythïen er mwyn eu rhyddhau (Morg)
torri dan draed		(Rhos), gw. **torri pwcynz**

torri glo		dyma briod waith y glöwr (cyff)
torri gwlodion		(PD), gw. **torri pwcynz**
torri ochor		ar ôl **gwasg ochr** mewn **talcen** byddai'n rhaid torri'r ochrau a ffiniai ar yr **hewl,** er mwyn gwneud lle i ddram fynd heibio (Morg)
torri'r penne		dyna a wneid wrth dorri **cwt,** sef torri trwy ymylon haenau glo'r wythïen (Morg)
torri pishiz		torri tyllau bychain yn y tir gorllaw'r heol fel y gellid rhoi'r traed ynddynt wrth ddringo yn ôl o'r **stajyn** i'r **ffas:** gwneid hyn gan grwt pan weithiai mewn **topol** serth (Caerf)
torri pwcynz		dan ddylanwad gwasgu parhaol y tir dan ddaear, byddai'r gwaelod yn aml yn ymwthio i fyny ohono'i hun, gan fwrw'r rheilffyrdd o'u llefydd priodol: gwaith cyson gan lowyr fyddai torri'r darnau tir a oedd wedi ymwthio tuag i fyny, a cheisio gwneud y gwaelod yn wastad (Morg, Caerf), gw. **dintio, torri dan draed, torri gwlodion**
torri siafft		gwneud lle i **siafft** yn ochr y briffordd ar gyfer dechrau **troi talcen**
tos, tosyn	*eg*	(Caerf), gw. **lle moelyd**
trin	*be*	*trin y glo*—byddai bob colier da yn trin glo'r **ffas** cyn ei dynnu oddi yno. Ceid sawl agwedd ar y gwaith hwn, e.e. cael gwared yn gyntaf ar faw neu gerrig a fyddai'n debyg o ddod i lawr o'r **ffas** yr un pryd â'r glo: yna **holo** o dan y glo, a cheisio cael gafael ar ymylon haenau'r wythïen, fel y deuai'r glo o'r **ffas** yn gymharol ddidrafferth (Morg, Caerf)

troi *be* (i) dechrau ffurfio (Morg, Caerf), *troi talcen, troi hedin*—dechrau ffurfio **talcen** neu **hedin** oddi ar ryw ffordd arall, gw. **cychwyn ogo, magu gwyneb**
(ii) symud (Rhos), symud glo o'r **wyneb** i'r **penffordd**

troi glo nôl gwaith y crwt a weithiai yn yr **hedad,** sef cludo'r glo a ddeuai o'r **ffas** i lawr at y **siafft** (C Crib)

troi mâs *be* troi oddi ar un ffordd a dechrau gyrru ffordd arall, e.e. troi oddi ar **lefel** a dechrau gyrru **hedin** (Pontardd)

twlad *eg* y tafliad glo oddi ar raw o'r **ffas** tua'r **hewl.** Pan fyddid yn gweithio ar y **ffas** gerllaw'r **hewl** gellid taflu'r glo a ddeuai o'r **ffas** yn syth i ddram, ond pe byddid ar brydiau yn gweithio yn rhy bell o'r **hewl** i gyflawni hyn ar un tafliad byddai'n rhaid wrth *dou dwlad;* ystyrrid hyn gan y glöwr yn rhwystr mawr bob amser (Morg, Caerf)

twlu mâs *be* gwaith crwt a weithiai mewn **topol,** sef taflu'r glo i lawr i'r **stajyn** (D Morg)

twll *eg* *yn dwll*—i wagle neu i le y gweithiwyd y glo oddi yno, *gwitho'r glo nes boch chi'n mynd yn dwll, bwrw'r glo yn dwll* (Morg, Caerf)

twll aer ffordd gul a yrrid wrth weithio dull y *pillar and stall* o'r naill **dalcen** i'r llall ar ôl bwrw i'r glo am ryw ddeg llath: ei phwrpas oedd hyrwyddo rhediad yr aer ar hyd y **ffas** (Morg, Caerf), gw. **ffordd aer, ffordd wynt, twll bach, twll cwrbyn, twll main** gw. ffig. 9

twll bach (G Morg), gw. **twll aer**

twll baw		y man y teflid iddo faw a ddaethai wrth weithio mewn **fforben** neu **wiced** gyfagos: **wiced** wedi darfod amdani oedd y **twll baw** fel arfer (PD, Rhos) gw. **twll myc, twll rwbetsh**
twll cwrbyn		(Rhyd), gw. **twll aer**
twll main		(Ystradgn), gw. **twll aer**
twll myc		(G Morg, Caerf), gw. **twll baw**
twll rwbetsh		(D Morg), gw. **twll baw**
tynn	*a*	*dyrnu'r glo yn ei dynn* (PD), gw. **cwr**
tynnu	*be*	fel rheol mewn ymadroddion, e.e. *tynnu'r glo wrth ei ddannedd,* gw. **dannedd**
tynnu mâs		(Caerf), gw. **gwitho rwbins**
tynnu nôl		(Morg, Caerf), gw. **gwitho rwbins**
wasd	*eg*	unrhyw le y teflid baw iddo (Rhos)
wasd	*eg*	ll. **wasdydd** (Morg, Caerf), gw. **shŵtad**
wasdio	*be*	darfod, cau, *wasdio dwy ogo* (PD)
wiced	*eg*	ll. **wicedi** (Rhos), gw. **talcen, wyneb** gw. ffig. 10
wyneb	*eg*	ll. **wynebe** (i) y glo fel y gorweddai yn y wythïen ger bron y glöwr a weithiai arno (Rhos), gw. **brest, ffas,** a hefyd **wiced** (ii) y man y torrai'r glöwr cyffredin ei lo; gweithiai **ffas** o ryw 10—12 llath (Tanyfr), gw. **ogo, talcen, wiced** gw. ffig. 10

4 Mathau o lo

bastart	*eg*	cymysgaeth o **lo carreg** a **glo stêm** (Morg)
bili	*eg*	y glo mân a dynnid o gyfanswm pwysau dramiau'r colier yn y tŷ pwyso; ni châi dâl amdano (Morg, Caerf)
brwsh	*eg*	glo mân a lenwid i ddram, *dramed o frwsh* (D Morg)
byrgi	*eg*	glo a **slec** yn gymysg (PD), gw. **glo cymysg, glo drwadd a thro, glo trwyddo**
clondeic	*eg*	glo a weithiai allan o'r ffas bron ohono'i hun (D Morg), gw. **glo bonco**
colsyn	*eg*	ll. **cols;** marwor, glo wedi'i losgi (Morg, Caerf)
dyff	*eg*	glo mân, mân (Morg, Caerf)
glo	*eg*	ll. **gloion**
glo bach		glo gwythïen denau (Morg, Caerf)
glöyn bach		y rhaniad glo nesaf at y gwaelod yn y ffas (Trebth)
glo bols		glo a ddefnyddid i wneud **pele** (Caerf) gw. **glo cwlwm, glo pele, smwt**

glo bonco (Res), gw. **clondeic**

glo braishg glo ar ffurf cnapiau bras (Morg), gw. **glo bras**

glo bras (Morg, Caerf), gw. **glo braishg**

glo brig glo a fwriai allan i wyneb y ddaear (Morg, (Caerf), gw. **glo'r wyneb**

glo brwnt glo yn gymysg â baw a cherrig (Morg, Caerf)

glo caled glo o ansawdd caled nad yw'n cynnwys bitwmen, S. *anthracite coal* (Caerf) gw. **glo carreg**

glo carreg (Morg), gw. **glo caled**

glo cartre glo a losgir mewn tanau cartrefi, *S. house coal* (Rhos), gw. **glo tai, glo tân**

glo cenol y glo a geid ynghanol gwythïen a ymrannai'n naturiol yn dair rhan (Morg, Caerf)

glo citsho
glo citshog glo a lynai'n dynn wrth y **top,** pan fyddid yn ei drin yn y ffas (Morg, Caerf)

glo codi stêm glo a ddefnyddir yn fwyaf arbennig i gynhesu dŵr er cynhyrchu ager, *S. steam coal* (Rhos) gw. **glo ring, glo stêm, glo sofft**

glo corn glo a gawsai ei wasgu a'i galedu yn y ffas nes i'r **gwaith** ddiflannu ohono a'i wneud yn anodd iawn i'w gael i lawr (Trebth)

glo cranc glo diwerth o ansawdd gwael (Rhos)

glo cwlwm (Morg, Caerf), gw. **glo bols**

glo cymysg	**glo braishg** a **glo mân** yn gymysg â'i gilydd (Morg, Caerf), gw. **byrgi, glo drwadd a thro, glo trwyddo**
glo drwadd a thro	gw. **glo cymysg**
glo fel asgwrn	glo anodd i'w gael i lawr o'r ffas (Morg, Caerf)
glo fel esgyrn ceffyle gwynion	glo cadarn, da (Caerf)
glo fel bamberi cêcs	glo hawdd i'w gael i lawr o'r ffas (PD)
glo fel bricsen	glo stiff ac anodd i'w gael i lawr o'r ffas (Merth)
glo fel cwacar	(Merth), gw. **glo fel bricsen**
glo fel y diawl 'i hunan	(Morg, Caerf), gw. **glo fel bricsen**
glo fel y farn **glo fel pentan y farn**	(Caerf), gw. **glo fel bricsen**
glo fel pentan **glo fel pentan uffern** **glo fel pentan gogoniant**	(Morg, Caerf), gw. **glo fel bricsen**
glo fel stwrdyn	(Pontyber), gw. **glo fel bricsen**
glo glân	glo pur heb faw ynddo (Morg, Caerf)
glo gringo	glo a baw yn gymysg (D Morg)
glo gwilod	y glo a geid yn rhan isa'r wythïen (Morg, Caerf), gw. **glo isha**
glo'n gwitho	disgrifid glo a ddeuai i lawr yn hawdd o'r ffas yn *gwitho* . . . . . . *fel blawd* (Llangenn) . . . *fel dŵr* (Pontyber)

	. . . *fel jam* (Pontyber) . . . *fel mwg* (Llangenn) . . . *fel y môr* (Morg) . . . *fel menyn* (Morg, Caerf)
glo (h)ardd	glo a ddisgynnai'n ddarnau mawr o'r ffas (G Morg)
glo isha	(Morg, Caerf), gw. **glo gwilod**
glo llaith	glo a oedd yn dueddol o ddisgyn yn fân o'r ffas (Morg, Caerf)
glo mân	glo ar ffurf llwch (cyff), gw. **slec**
glo mawr	glo gwythïen drwchus (Morg, Caerf)
glo pele	(Morg, Caerf), gw. **glo bols**
glo pen	glo a orweddai yn rhaniad uchaf y ffas (Pontardd), gw. **glo top, glo ucha**
glo pictiwrs	glo a sbonciai allan o'r tân (oblegid y natur sylffyr oedd iddo) gan fwrw i bob cyfeiriad (PD)
glo pinshin	glo o ansawdd gwael (D Morg)
glo pitsh	glo mewn gwythïen a redai ar ogwydd (Caerf)
glo rhwym	glo yn cynnwys bitwmen sydd yn rhwymo'n dda o'i losgi, S. *binding coal* (Morg, Caerf)
glo ring	(Morg, Caerf), gw. **glo codi stêm**
glo rhydd	glo a ddeuai i lawr o'r ffas yn hawdd (Res)
glo sbagog	glo a rwymai'n dda (Rhondd)
glo sgonj	(i) glo a oedd yn mallu'n hawdd (Cwmaf)

		(ii) glo a fyddai'n gweithio allan o'r ffas ohono'i hun (Cwmaf)
glo slac		(G Morg), gw. **glo mân**
glo sofft		(Caerf, G Mórg), gw. **glo codi stêm**
glo stanc		y corff glo yn rhaniad canol y wythïen (Morg)
glo stêm		(Morg, Caerf), gw. **glo codi stêm**
glo stiff		glo anodd i'w gael i lawr o'r ffas (Morg, Caerf)
glo stwmin		glo mân llaith a ddefnyddid i anhuddo tân dros nos (Caerf)
glo stŵn		glo heb **waith** ynddo (Cwmdr)
glo sych		glo heb rinwedd na **gwaith** ynddo (Morg, Caerf)
glo tai		(Morg, Caerf), gw. **glo cartre**
glo tân		(Morg, Caerf), gw. **glo cartre**
glo top		(Morg, Caerf), gw. **glo pen**
glo trwyddo		(Morg, Caerf), gw. **glo cymysg**
glo ucha		(Morg, Caerf), gw. **glo pen**
glo'r wyneb		(G Morg), gw. **glo brig**
harnlo	*eg*	glo â natur haearn iddo (Rhondd)
henglo **henlo**	*eg*	**cols** wedi'u rhidyllio ar gyfer eu llosgi eto (Caerf), gw. **ripyl**
lidinz	*ell*	(Morg), gw. **mamlo, mam y glo**

lifften *eb* haen o lo isradd, gloyw, a orweddai fel rheol ar ben y **glo gwaelod** (Res)

mamlo
mam y glo *eg* glo meddal amhur a orweddai ar ben gwythïen y glo iawn (Morg)
gw. **lidinz**

marchlyn *eg* glo amhur a welid ar ffurf rhychiau bychain tua 3″ o drwch, ac iddo natur sylffyr; torrid y marchlyn oddi ar y glo, os oedd modd gwneud hynny, gan na fyddai'n llosgi'n dda iawn (G Morg)

pele *ell* glo mân yn gymysg â chlai a dŵr (a chalch weithiau) a lunid yn beli i'w roi ar dân; eu prif bwrpas oedd cadw tân ynghyn am amser maith, a defnyddid hwynt yn gyffredin iawn yn y gymdeithas lofaol (Morg, Caerf)

ripyl *eg* ll. **riplon;** (Cwmt), gw. **henglo, henlo**

slec *eg* (i) glo y byddid yn ei **safio** o waelod y **wyneb** lo (Rhos)
(ii) glo mân (Rhos)

slegen *eb* haen o lo amhur a orweddai ar ben y wythïen lo (Rhos)

smwt *eg* (Cefneith), gw. **glo bols**

5 Darnau o lo a thir, Mathau o dir

ail ripins	*ell*	haen o dop rhydd; canlyniad i wasg, a dynnid i lawr (Morg), gw. **grofen, gafel riparwr**
arn garreg	*eb*	haen denau o garreg ac iddi natur haearn a geid fel arfer rhwng y glo yn y wythïen a'r **top** (Morg), gw. **cornis**
balen	*eb*	ll. **pale;** darn mawr sylweddol, *balen o lo, odd y gloden yn dod lawr yn un balen* (Cwmaf)
bâs, bas	*eg*	y llawr, gwaelod y **wiced,** *chwyddodd y bâs* (Rhos), gw. **pin mawr**
baw safin	*eg*	baw o dan y glo yn y wythïen a dynnid allan cyn cael y glo i lawr o'r **wyneb** (Rhos) gw. **(h)olyn**
beind	*eg*	rhimyn o lo tua 6″ o drwch a adewid yn y **top** er mwyn cynnal y **rŵff** (Rhos)
bodia	*ell*	darnau bras o lo, *dyma le am fodia, lads!* (PD)
bolsan	*eb*	ll. **bolsis;** carreg gron ac iddi natur haearn a orweddai ychydig uwchben y mesur glo (Rhondd)

borden *eb* trwch o lo isradd a ddisgynnai o'r ffas gyda'r glo iawn (Rhyd)

byllten *eb* ll. **byllta**; darn sylweddol o ansawdd carreg a phren, ar ffurf gellygen neu gloch, a geid yn y tir uwchben y wythïen ac a orchuddid fel arfer gan haen o lo: roedd yn berygl bywyd i'r glöwr, gan fod y dirgryniad lleiaf (e.e. effaith dram yn mynd heibio) yn medru disodli'r garreg a pheri iddi ddisgyn yn sydyn ac yn ddirybudd gan ladd neu niweidio'n arw yn aml. Pe sylwai'r colier ar y **fyllten** yn y **top,** rhoddai **bost** odani ar unwaith (G Morg), gw. **clochen, ffolten, (h)wchen, padell, potyn, rowlen**

byw *eg* tir newydd, S. *virgin ground, gyrru i'r byw* (PD)

carreg *eb* ll. **cerrig;** fel rheol mewn ymadroddion

carreg dân S. *firestone* (Morg, Caerf)

carreg fach carreg a ymddangosai'n gyson ynghanol y glo yn y wythïen (Cwmdr)

carreg galed carreg a geid weithiau ynghanol y wythïen lo (Morg)

carreg genol carreg a ymddangosai'n gyson yn y wythïen rhwng y **glo top** a'r **glo gwilod** (Llangenn)

carreg gwar cwaren carreg ac iddi natur craig a geid yn y wythïen neu yn y **top** (Cwmdr)

carreg lwyd carreg a ymddangosai'n gyson yn y wythïen (Bon)

carreg slip carreg a redai drwy'r wythïen lo ar brydiau: câi'r colier lwfans amdani (Res)

celffen *eb* rhimyn cul o dir neu lo, *celffen o bedair modfedd* (Rhos)

cenel *eg* darn gwaelod yr **wyneb** lo nad oedd fel arfer yn lo iach iawn (Rhos)

clai tân *eg* math o glai a geid mewn rhai gwythiennau glo: câi'r colier lwfans amdano (Morg)

clifft *eg* carreg sy'n fwy meddal na'r **cwar,** *top clifft* (Morg, Caerf)

clifft gwar *eg* carreg a oedd rhwng y **cwar** a'r **clifft** o ran ansawdd (Trebth)

clochen *eb* (D Morg), gw. **byllten**

cloden *eb* haen o glai a cherrig yn gymysg â'i gilydd o ansawdd meddal neu galed, a geid uwchben y wythïen lo neu odani. Yr oedd yn rhaid ei thynnu i lawr cyn cael y glo oddi yno, *cna'r gloden* (Morg, Caerf), gw. **clodo**

cnepyn *eg* ll. **cnape, cnepe;** darn o lo tua hanner maint y dwrn neu fwy (Morg, Caerf)

cnepyn bar ers talwm ceid dau far haearn, gyda rhyw droedfedd rhyngddynt, ar draws pen ôl y dramiau a ddefnyddid mewn gweithfeydd **glo caled;** rhoddid dau **gnepyn** mawr o lo yn y pen hwn, rhag i'r glo lleiaf ddisgyn allan rhwng y bariau (G Morg, Caerf), gw. **cnepyn crosbar, cnepyn tin**

cnepyn cornel cnepyn mawr a roddid ymhob cornel o'r ddram er mwyn dal y **rasyn** yn ei le (Pontardd)

cnepyn tin (Cwmgrs), gw. **cnepyn bar**

cnwbyn *eg* ll. **cnwbsach;** darn bychan o lo rhwng maint y **cnepyn** a maint y **criblyn** (Morg, Caerf)

colsyn *eg* ll. **cols;** darn o lo sydd wedi cael ei losgi mewn tân (Morg, Caerf)

conyn *eg* darn caled, stiff yn y ffas, *hel y glo yn gonyn*—dyna a wneid wrth drin glo'r **frest** yn anghelfydd (PD)

cornis *eg* (G Morg), gw. **arn garreg**

criblyn *eg* darn bychan o lo ychydig yn llai na maint y **cnwbyn** (GCG)

cwar *eg* defnydd o natur craig, *top cwar* (Morg)

cwm *eg* llawer iawn o lo, *cwm o lo* (Rhyd), gw. **môr**

cwrlo *eg* glo cnapiau (Morg, Caerf), gw. **bocs cwrlo**

ffolten *eb* (G Morg), gw. **byllten**

ffwlcad *eg* darn sylweddol o lo a dynnai'r **riparwr** o'r **rib** wrth roi **post** i fyny ar briffordd; rhoddai'r darn hwnnw mewn dram i'w gyflwyno i gyfaill o löwr fel y gallai yntau ei ddefnyddio wrth **raso**'i ddram (ni châi **riparwr** dâl am y glo a dynnai i lawr) (Trebth)

gabral *eg* tir cleiog meddal tua 18″ o drwch a orweddai fel arfer rhwng y **top** a'r wythïen lo (D Morg)

gafel riparwr *eg* (Caerf), gw. **ail ripins**

grofen *eb* ll. **grofenne;** (Llangenn), gw. **ail ripins**

gryimyn *eg* haen o **lo brwnt** tua modfedd o drwch a ymddangosai yn y wythïen (Rhym)

(h)ân	*eb*	ll. **(h)ane;** rhimyn, *ân o lo* (Morg, Caerf)
hepil	*eg*	tomen (Rhos)
(h)olyn	*eg*	math o dir cleiog meddal a geid fel arfer o dan y glo neu mewn rhaniadau yn y wythïen: tynnid yr **holyn** allan cyn cael y glo i lawr o'r ffas, *rodd yr holyn yn gwitho fel can*—deuai'r **holyn** allan yn ddidrafferth (Morg, Caerf), gw. **baw safin**
(h)ufan yr (h)arn	*eg*	gwlybwr ac iddo natur olew a gynhyrchir dan ddaear gan ddŵr yn rhedeg dros garreg haearn: ceid arogl cryf iawn iddo (Rhondd)
(h)wchen	*eb*	(Caerf), gw. **byllten**
lifften	*eb*	math o lo isradd gloyw a orweddai fel rheol ar ben y glo gwaelod (Res)
limen	*eb*	haen gleiog rhwng dwy haen o lo(Trebth)
llyfyn	*eg*	math o raniad ar ffurf llinell denau ar draws y ffas, a nodai'r ffin rhwng y glo a'r **top** (Morg, Caerf)
môr	*eg*	*môr o lo* (Rhos), gw. **cwm**
mwynen	*eb*	darn o fwyn a ymddangosai yn y wythïen (Morg, Caerf)
myc	*eg*	cymysgedd o faw, cerrig a chlai a geid yn aml yn y wythïen lo: byddai'r glöwr yn ei dynnu ymaith a'i daflu i'r **gob** neu ei ddefnyddio i **walo**
padell	*eb*	(G Morg, Caerf), gw. **byllten**
pin mawr		(Rhondd), gw. **bâs**

pollath	*eg*	math o lo (neu rywbeth arall) nas disgwylid *roedd amball i bollath o lo stêm yn y glo tân* (Cwmaf)
potel	*eb*	ffurf fechan ar y **glochen** (Trebth)
potyn	*eg*	(Rhos), gw. **byllten**
pownsyn	*eg*	y gwaelod caled o dan y wythïen lo (Rhondd)
pren carreg	*eg*	S. *fossil* (Morg)
presen	*eb*	carreg ac iddi natur pres (cyff)
pwcen	*eb*	haen o dir go feddál (G Morg, Caerf)
pwythyn	*eg*	darn sylweddol o lo yn y ffas (Cwmaf)
ranad	*eb*	math o linell a redai ar hyd y wythïen a'i rhannu yn ddwy neu dair rhan (Morg, Caerf)
randied galed	*eb*	darn o lo caled yn yr **wyneb,** a oedd yn anodd iawn i'w gael i lawr (Rhos)
ransh **ranj**	*eg*	y pellter glo gerbron y glöwr y disgwylid iddo ei weithio (Morg, Caerf)
rasen **rasyn** **rasien** **rasiyn**	*eb*	math o dir meddal a geid yn gyffredin ynghanol y wythïen neu odani (Morg, Caerf)
ripins	*ell*	yr hyn a dynnid i lawr o'r **top** wrth **ripo** (Morg, Caerf)
rowlen	*eb*	(G Morg), gw. **byllten, padell.** Byddai glowyr yn ardaloedd Treboeth a Phontarddulais yn gwahaniaethu rhwng **rowlen** a **phadell.** Yn ardal Treboeth dywedid fod y **rowlen** yn hwy ac yn llai

		crwn : yn ôl rhai o lowyr cylch Pontarddulais, roedd y **rowlen** yn weledig ac yn dueddol o hongian o'r **top** tra bo'r **badell** yn guddiedig
rŵff	*eg*	(Rhos), gw. **top**
rychen	*eb*	haen neu rimyn yn y glo (G Morg), gw. **rhien**
rhien	*eb*	(Caerf), gw. **rychen**
rhimyn	*eg*	haen, *rhimyn o lo* (PD)
rhipied	*eg*	ll. **rhipion;** (Rhos), gw. **ripins**
sanden	*eb*	carreg ac iddi natur tywod a welid weithiau yn y wythïen (G Morg)
sbardyn	*eg*	darn bychan o lo ar ffurf piler a adewid ynghanol y ffas i ddal y glo i fyny tra byddid yn **holo** tua'r canol o'r ddau ben (Trebth), gw. **stoncyn**
sgalen	*eb*	haen, S. *stratum* *sgalen o dop* (Morg, Caerf)
sgip	*eg*	gafael o lo a weithid oddi ar ymyl solet, *gwitho sgip oddi ar y piler bach* (Llangenn)
sgogyn	*eg*	darn sylweddol o lo heb ei weithio, e.e. piler yr **hedad** (Cefn Crib)
shilan	*eb*	tir rhedegog a ddisgynnai'n haenau tenau gan adael twll ar ei ôl yn aml (Rhondd)
siagen	*eb*	ll. **siagz;** haen neu ddwy o lo rhydd a deflid o raw ar ben glo'r ddram; gwneid hyn yn hytrach na **raso**'r ddram yn drefnus (G Morg)
slenten	*eb*	darn o dir a ymwthiai drwodd o'r top, S. *cleavage* (G Morg)

stanc **stonc**	*eg*	y corff glo a geid yn y ffas; canol y ffas (Trebth)
stempyn	*eg*	darn o **lo gwaelod** a lynai wrth y ffas ac a fyddai'n anodd iawn i'w gael oddi yno (Cwmdr)
stoncyn	*eg*	(i) darn sylweddol o lo yn y ffas (Ystrad) (ii) darn bychan o lo a adewid heb ei fwrw allan tra byddid yn **(h)olo** yng ngwaelod y ffas; gweithredai fel math o bost i gynnal yr hyn oedd uwch ei ben (Cwmaf) gw. **sbardyn**
stwrdyn	*eg*	glo solet heb **slips** a oedd yn anodd iawn i'w gael o'r ffas (G Morg)
telpyn	*eg*	tomen, carn (Caerf)
tir	*eg*	fel rheol mewn ymadroddion
tir cleiog		tir ac iddo natur clai (Morg, Caerf)
tir cras		tir caled yn cynnwys mwyn a chwar (Merth)
tir fel y gloch		tir caled, solet (Morg, Caerf)
tir glas		tir a oedd yn hawdd i'w gael i lawr; ffurfiai **dop** nad oedd mor galed â **thop** cwar (Morg, Caerf)
tir llwyd		tir o ansawdd clai tân, S. *fire clay* (Caerf)
tir teg		tir a ffurfiai **dop** a oedd yn hawdd iawn i'w gael i lawr (Morg, Caerf)
top	*eg*	yr hyn a ffurfiai'r to dan ddaear (Morg, Caerf, PD) gw. **rŵff**
top bregus		top anniogel (PD)

top racsog		top rhedegog a dorrai'n hawdd (Morg)
top rŵth		top anniogel (Trebth)
top whalgar		top anniogel (Caerf)
top fel blawd		top rhedegog (Caerf)
top fel crwstyn		top cadarn diogel (Morg)
top yn cwympo fel arian byw		top bregus iawn (Trebth)
trwchyn	*eg*	trwch bychan, *trwchyn o glai* (Morg, Caerf)
twlpyn	*eg*	darn go fawr o lo neu o dir, *twlpyn o dop* (Caerf, G Morg)
warden	*eb*	top ac iddo natur craig (Rhyd)
wc	*eb*	y glo a dynnid allan gan y glöwr o'r **wyneb** i lawr yr **ogo:** codai'r **llenwr** y glo o'r **wc,** ac ar ôl ei ridyllio, ei dywallt i'r ddram (PD)
wiricen	*eb*	ll. **wirics;** darn caled o graig a geid yn y tir; deuid ar ei draws yn aml wrth dyllu (Morg)

6 Symudiadau'r tir a'r glo

berwi	*be*	(i) *rodd y glo'n berwi mâs o'r ffas*—yn dyfod allan o'r ffas yn hawdd (Morg) (ii) *och chi'n clywed y glo'n berwi yn y ffas*—yn **gwitho** (Morg)
blower	*eg*	yn aml byddai nwy yn dueddol o gronni yn y ffas yng ngweithfeydd Cwm Gwendraeth: yna ymwthiai'r nwy drwy'r glo yn sydyn, gan fwrw o'i flaen dunelli o lo mân, a pheri difrod eithriadol a gymerai wythnosau i'w atgyweirio. Byddid yn clywed y **blower** yn bygwth torri ymlaen llaw ar adegau, h.y. gellid clywed y **blower** yn **rhechen**
canu	*be*	(Caerf), gw. **gwitho**
carn	*eb*	*dath y glo lawr o'r ffas yn un garn*—llawer ohono ar un tro (Caerf)
cered	*be*	rhoi bywyd neu **waith,** *odd dim byd yn cered trw'r glo* (Morg, Caerf)
cneci	*be*	(Caerf), gw. **gwitho**
codwm **cwdwm**	*eg*	ll. **cydyme;** dymchweliad o lo neu dir *cafodd o'i ladd dan godwm; codwm o faw a cherrig* (PD, Rhos), gw. **cwmp**

coulan *eb* ymyl talcen oedd ar ogwydd ac a oedd ar fin ymdaflu tuag allan (Cwmt)

cracan *be* (G Morg, Caerf), gw. **gwitho**

crasu *be* (Cefneith), gw. **gwitho**

cratsian *be* (G Morg), gw. **gwitho**

cwmp *eg* ll. **cwmpfeydd;** dymchweliad o lo neu o dir o'r **top** neu'r ochr (Morg, Caerf)

cwmp halier cwymp bychan a rwystrai **halier** rhag dwyn ei ddram i'r fan a'r fan: fel arfer cliriai'r glo o'r cwymp i'r ddram a'i ddwyn i dalcen pwy bynnag a oedd i gael y ddram honno (Pontardd), gw. **codwm**

driblan *be* rhedeg yn fân (am dir neu lo) (G Morg)

driblyn *eg* tir a redai o'r **top** (G Morg)

glamorgan *eg* roedd yn arferiad mewn rhai o byllau Morgannwg i gyfeirio at gwymp fel **glamorgan**—*ma glamorgan wedi dod:* mewn ambell i waith roedd yn arferiad i gyfeirio at yr hyn a ddaethai i lawr o'r **top** wrth enw'r gwaith arbennig hwnnw, e.e. yng ngwaith Tarenni, Ystradgynlais, clywid, *ma Tarenni wedi dod,* neu yng ngwaith y Farteg, *ma'r Farteg wedi dod*

gwaith *eg* bywyd mewn glo fel canlyniad i effaith nwy *ma gwaith yn y glo (h)yn, rodd y ffas ar waith i gyd* (Morg, Caerf), gw. **gwitho**

gwasg *eg* pwysau (Morg, Caerf)

gwasg ochr ochr talcen neu hedin a wasgai tuag i mewn

gwasg top y top yn gwasgu tuag i lawr

gwitho *be* yr hyn a wnâi'r glo o ganlyniad i'r bywyd a roddid ynddo gan effaith elfennau tebyg i nwy. Gellid clywed glo'n **gwitho** yn y ffas fel arfer, a cheid nifer o eiriau am y sŵn a wnâi, e.e. **bẹrwi, cneci, canu, cracan, crasu, cratsan, hwrnu, powzan, rampo, rapan, rhechen, tincan** (Morg, Caerf)

hwdu *eb* dywedid bod glo'n **hwdu mâs** pan ymdaflai yn sydyn o'r ffas, o ganlyniad i **waith** fel arfer (Caerf)

hwrnu *be* (Pontardd), gw. **gwitho**

mallu *be* dywedid bod glo yn **mallu** pan dorrai'n ddarnau mân wrth geisio ei gael allan o'r ffas: roedd hyn fel arfer yn arwydd bod y glo o ansawdd gwael (Morg)

nyddo *be* dywedid bod lle wedi ei **nyddo** pan fyddai wedi cael ei orchuddio'n llwyr gan gwymp (D Morg)

planco *be* byddai'r top yn **planco** weithiau, sef yn tynnu'n solet at ei gilydd heb fod natur rhedeg ynddo (G Morg)

pontan *eb* darn o dir a ddisgynnai'n is na'r tir o'i gwmpas o ganlyniad i wasg (Rhondd)

powzan *be* (Caerf), gw. **gwitho**

pwcynz *ell* dan ddylanwad gwasgu parhaol y tir dan ddaear, byddai'r gwaelod yn gweithio i fyny ohono'i hun ar hyd yr amser gan wthio'r rheilffordd i fyny, e.e., yn ei thro: o'r herwydd gwaith cyson gan y glöwr fyddai **torri pwcynz**—sef torri'r tir a fyddai wedi ymwthio i fyny yng nghyffiniau'r **hewl** fel y byddai'n gymharol wastad unwaith eto (Morg, Caerf)

pwco	*be*	dywedid bod y gwaelod yn **pwco** pan fyddai yn ymwthio i fyny ohono'i hun (Morg, Caerf)
pwysa	*ell*	*y tir yn rhoi ei bwysa*—yn gwasgu (PD)
pwyso	*be*	gwasgu (PD)
pywnsen	*eb*	sbonciad o lo o'r ffas (Morg)
pywnso	*be*	sboncio (Morg)
rampo	*be*	(Pontyber), gw. **gwitho**
rapan	*be*	(G Morg), gw. **gwitho**
roi gwynt		*roi gwynt i'r top*—peri i'r top gracio neu hollti (Rhyd)
rowlen	*eb*	tafliad am i fyny, neu am i lawr, yn y wythïen (Pontardd)
rhechen	*be*	(Caerf), gw. **gwitho**
sgarjo	*be*	glo'r ffas yn symud ac yn rhwbio yn erbyn y top ohono'i hun, *odd cyment o waith yn y glo odd e'n sgarjo'r top withe* (G Morg, Caerf)
shilan	*eb*	tir rhedegog a oedd yn aml yn mynd yn dwll (Caerf)
sioro	*be*	rhedeg, gollwng, *ma'r ochor yn sioro* (Caerf)
tincan	*be*	(Caerf), gw. **gwitho**
troiad	*eg*	(G Morg), gw. **twlad, twmlad**
tynnu gwendid		peri gwendid: byddai gadael rhy ychydig o gynhaliaeth i'r top yn **tynnu gwendid** (G Morg)

twlad	*eg*	dywedid bod **twlad** yn y wythïen pan ddiflannai am ychydig ac yna bwrw'n sydyn tuag i fyny neu tuag i lawr, S. *fault* (Morg, Caerf), gw. **troiad, twmlad**
twli	*be*	bwrw'n sydyn (am wythïen) i gyfeiriad gwahanol (Morg)
twmlad	*eg*	ll. **twmlade** (Caerf), gw. **twlad, troiad**
wash out		man lle byddai gwythïen yn darfod yn llwyr (Caerf)
wsu	*be*	sylwai'r hen lowyr ar dop yn *chwysu*—yn dal defnynnau bychain o ddŵr: roedd hyn yn arwydd o dop anniogel (Morg)

7 Gwaith coedio

achwyn	*be*	y sŵn a wnâi **post** wrth ildio dan bwysau'r **top** (Pontardd)
bar	*eg*	ll. **barie;** ym maes glo'r Gogledd gosodid y **bar** heb ei naddu, fel arfer, fel y gorweddai ar ben y **fforch** a wneid yn gafnog i dderbyn y **bar** (Rhos, PD), gw. **coler, pâr coed** gw. ffig. 11
basin	*eg*	byddai rhai glowyr yn naddu **brest** y **fraich** ar ffurf cafn yn hytrach na'i naddu yn wastad: rhoddid yr enw **basin** ar y cafn hwn (Trebth)
bilet	*eg*	(Caerf, G Morg), gw. **liden**
bôn	*eg*	gwaelod, *bôn y post, dyw'r post ddim wrth ben i fôn*—yn unionsyth (Morg)
bradish	*eg*	darn o gynfas a ddefnyddid i reoli cyfeiriad yr aer o dan ddaear (cyff) gw. **drws bradish, llian bradish**
braich	*eg*	ll. **briche;** post tua 6 modfedd o drwch a roddid bob ochr i'r **hewl** o dan ddaear: gosodid y bôn yn gadarn yn y gwaelod, a naddu'r pen blaen fel y ffitiai'n daclus

		bob pen i'r **coler** a redai o'r naill ochr i'r llall o dan y **top (Morg, Caerf),** gw. **fforch** (ii), **pâr coed** gw. ffig. 18
braich a bar		rhoddid **braich a bar** oni cheid lle i roi dwy **fraich,** neu i ddal **gwasg ochr.** Gosodid **braich** un ochr i'r **hewl,** a'i chysylltu yn ei phen uchaf wrth **far** a redai o dan y **top** ac y gosodid ei fôn yn dynn yn y graig ar yr ochr arall (Morg), gw. **fforch** gw. ffig. 12
braich yn y gwynt		**braich** a osodid mewn gwagle heb dir solet y tu ôl iddi (Trebth)
brest	*eb*	ochr fyrraf **naddad** y **fraich,** sef yr ochr fewnol (Morg, Caerf), gw. **ffrynt** gw. ffig. 18
bresto	*be*	*dyw'r coler ddim yn bresto*—nid yw'r **coler** yn ffitio yn erbyn y **frest** fel y dylai (Pontardd)
bywcan	*eb*	darn mawr o bren trwchus tua 12 modfedd ar draws a ddefnyddid weithiau fel **post** (Merth)
cario	*be*	rhagflaenu, *doti un fraich i gario ar y nall* (Trebth)
cate	*ell*	mwy nag un **hollt** (Trebth)
cefen	*eg*	ochr hwyaf **naddad** y **fraich,** sef yr ochr allanol (Morg, Caerf), gw. **brest** gw. ffig. 18
cleru	*be*	gwneud a gosod **coler** (PD)
clet	*eg*	(PD, Rhos), gw. **liden**
clo	*eg*	(Rhos), gw. **sbrag**

clust	*eb*	yr hyn o'r **coler** oedd y tu allan i'r **notsiad** (Trebth), gw. ffig. 18
coed, côd	*ell*	mwy nag un darn o bren (Morg, Caerf)
coed dwbwl		**pâr o goed** a roddid yn ymyl pâr a ddechreuasai ddirywio, er mwyn eu cynnal (Morg, Caerf)
coed dwblon		unrhyw bâr o goed (D Morg)
côd ffrensh		coed ac iddynt risgl tenau a oedd, gan amlaf, yn boblogaidd iawn dan ddaear gan fod iddynt fwy o *roi* (h.y. ni thorrent yn sydyn nac yn ddirybudd) (Morg, Caerf)
côd nawe		pyst naw troedfedd o hyd a ddefnyddid ar briffyrdd (Rhyd)
côd norwei		coed heb risgl a ddeuai o Norwy ac a ddefnyddid i **bysto** yn y ffas (Morg, Caerf)
coedo	*be*	gosod coed (Morg, Caerf)
coediwr **coedwr**	*eg*	dyn a gyflogid yn bennaf i osod coed yn y priffyrdd, er mwyn diogelwch (Rhos, PD) gw. **riparwr**
cogyn	*eg*	ll. **cogz;** nifer o byst tua thair troedfedd o hyd a roddid yn drefnus ar draws ei gilydd i gynnal y **top** yn y ffas; gadewid lle gwag yn y canol fel y gellid taflu iddo y **myc** a ddeuai o'r ffas (Morg, Caerf), gw. **tsioc** gw. ffig. 13
cogyn siafft		cogyn a osodai **dyn yr hedin** er mwyn dynodi canolbwynt talcen a ddechreuid yn ddiweddarach (Rhym)
coler	*eg*	post pren trwchus a osodid ar draws yr **hewl** o dan y **top,** ac a orweddai ar ddwy **fraich** neu **fforch.** Ym maes glo'r De

		neddid y **coler** a'r **fraich** fel y gorweddai'r naill yn dynn ar y llall (Morg, Caerf, PD) gw. **bar, pâr, coed** gw. ffig. 18
criwlyn	*eg*	trwch bychan a neddid oddi ar ddarn o bren (Rhos)
cyfar	*eg*	astell tua 4′ × 1′ × 6″ a roddid ar ben **pywlins** er mwyn diogelwch (PD, rhos)
cylleth sgreibo	*eb*	gw. **sgreibar**
dogyn	*eg*	bach hir o haearn a ddefnyddid i gloi **braich** yn dynn wrth **goler** (Morg), gw. **nogyn** gw. ffig. 33
drws	*eg*	ll. **drwse;** fel rheol mewn ymadroddion
drws bradish		math o fframwaith drws wedi ei orchuddio gan **fradish** ac a ddefnyddid i reoli rhediad yr aer dan ddaear (Morg, Caerf) gw. **bradish, llian bradish** gw. ffig. 14
drws planca		drws i reoli rhediad yr aer a wneid drwy gysylltu estyll yn dynn wrth ei gilydd (Morg)
duad	*eg*	ll. **duade;** y pellter rhwng **pâr o goed** a'r pâr nesaf ato *twlu peder trodfedd o dduad rwng bob pâr* (Trebth)
dwblu	*be*	gosod **pâr o goed** i gynnal pâr arall a oedd eisoes wedi dechrau dirywio (Morg, Caerf)
elmen	*be*	llwyfen: defnyddid **pyst** wedi eu gwneud o'r pren hwn (Trebth)

fflaten *eb* ll. **fflats;** post wedi ei lifio ar hyd ei ganol gan roi dwy **fflaten** (Morg, Caerf)
gw. **geren**

fforch *eb* ll. **ffyrch;**
(i) offeryn haearn ar siâp λ
â blaenau llymion iddo, a ddefnyddid wrth osod **pâr o goed,** i ddal **briche** yn eu lle tra byddid yn rhoi'r **coler** arnynt; glynai'r ddau bigyn isaf yn y llawr, tra byddai'r **fraich** yn pwyso yn erbyn y pigyn arall (Morg, Caerf), gw. **stinel**
(ii) (PD, Rhos), gw. **bar, braich**
(iii) post cyffredin a ddefnyddid yn y ffas (PD, Rhos)
gw. ffig. 11

fforch a gwadan gw. **gwadan**

fframyn *eg* ll. **fframe;** (Trebth), gw. **pâr o goed**

ffrynt *eg* *ffrynt y fraich* (Trebth), gw. **brest**

ffwrch *eg* yr enw a roddid ar y **naddad** a wneid yn y **coler** er mwyn derbyn blaen y **fraich** (G Morg)

geren *eb* ll. **gers;** post hir a oedd weithiau ar ffurf **fflaten** (Rhyd), gw. ffig. 15

gero *be* gosod **geren,** *gero'r top*—gosod **geren** i gynnal top bregus (Rhyd), gw. ffig. 15

gwadan *eb* ll. **gwadne;**
(i) darn o bren trwchus a osodid bob rhyw lathen ar y llawr o dan y rheilffordd, S. *sleeper* (Rhos)
(ii) yn yr ymadrodd **fforch a gwadan** cyfetyb **gwadan** i **liden** (Rhos)

gwendid *eg* y tu mewn i'r cylch mwyaf mewnol mewn graen pren, *torri i wendid y pren* (Trebth)

gwerthyd	*eg*	ll. **gwerthytion;** post tua deg troedfedd o hyd a ddefnyddid i ddiogelu'r **hewl** yng nghyffiniau genau talcen. Fel arfer rhoddid dau neu dri **gwerthyd** gyda'i gilydd: gorffwysai pob un, ar un pen, ar ei **fraich** ei hun, gan redeg ar draws yr **hewl** ochr yn ochr â'i gilydd o dan y **top** a phwyso yn y pen arall ar **goler** y **pâr coed** a osodid yng ngenau'r talcen (Trebth) gw. ffig. 16
hetri	*eg*	ll. **hetrie;** darn fflat o bren o tua throedfedd i dair troedfedd o hyd (Rhos)
hollt	*eg*	post tua phedair troedfedd o hyd wedi'i hollti'n ei hanner a osodid ar **goler** a'i gyfeirio tuag ymlaen ac i fyny i **dop** bregus er mwyn ei gynnal (Trebth), gw. **cate**
lagen	*eb*	ll. **lagz, lagynz;** pren hir a roddid o'r naill **goler** i'r llall er cynnal y **top** (Morg, Caerf) gw. **pywlin**
lago	*be*	gosod **lagynz** (Morg, Caerf)
lartsien	*eb*	**post** a wneid o goeden larts (Caerf)
liden	*eb*	darn bychan trwchus o bren a roddid yn dynn rhwng pen **sbrag** neu **bost** a'r **top** neu'r ffas: gweithredai fel math o wej (Morg, Caerf) gw. **bilet, clet, gwadan** gw. ffig. 17
llian bradish	*eg*	(D Morg), gw. **bradish, drws bradish**
naddad	*eg*	yr hyn a fyddai'n cael ei naddu o ben y **fraich,** *naddad y fraich* (Morg, Caerf) gw. **naddu**
naddu	*be*	byddid yn naddu pob **braich** â bwyell trwy dorri pen y pren crwn gwreiddiol ar

ffurf pigyn er mwyn iddo eistedd yn daclus yn **notsiad** y **coler** (Morg, Caerf) gw. **notsiad**

nogyn *eg* (i) bach hir a ddefnyddid i gloi **braich** wrth **goler** (Morg), gw. **dogyn**
(ii) pren mawr unigol ac iddo fwy o drwch na **phost** cyffredin (Rhyd)

notsiad *eg* yr hyn a dorrid wrth **notsio,** *notsiad y coler* (Morg, Caerf)

notsio *be* rhaid oedd **notsio'r coler,** sef gwneud hagen ynddo, fel y medrai eistedd yn daclus ar ben blaen y **fraich** er mwyn i'r ddau gloi yn dynn am ei gilydd: fel arfer, wrth **notsio'r coler** torrid hyd at y rhuddin canol, sef y cylch mwyaf mewnol yng ngraen y pren. Ystyrrid **notsio** a **naddu** yn waith cywrain iawn gan y glowyr, a rhaid oedd wrth *lygad da* a bwyell finiog i wneud **pâr coed** safonol

pâr coed
pâr o goed *eg* roedd tair elfen i **bâr o goed,** sef dwy **fraich** ac un **coler,** a'u diben oedd diogelu'r **top** a'r ochrau dan ddaear yng nghyffiniau'r **hewlydd.** Gosodid **braich** ar y naill ochr i'r **hewl** ac yn ymyl yr ochrau; rhoddid **coler** o dan y **top** ar draws yr **hewl** a'i gysylltu wrth y **briche** yn y ddau ben (Morg, Caerf), gw. **fframyn**
gw. ffig. 18

pâr entrans **pâr o goed** a roddid yng ngenau talcen neu hedin (Morg, Caerf)
gw. **pâr tro**

pâr fframyn **pâr o goed** a osodid i ddal **bradish;** ni fyddid fel arfer yn mynd i'r drafferth o **notsio** a **naddu** wrth wneud **pâr fframyn** (Morg, Caerf)

pâr fi		pâr a osodid yng ngenau talcen: cynhwysai dair **braich** a dau **goler,** gan roi fframwaith ac iddo siâp V (G Morg)
pâr tro		(Rhyd), gw. **pâr entrans**
picyn	*eg*	blaen llym post (Morg)
pitsh	*eg*	*dyw'r pâr coed ma ddim yn 'i bitsh*—nid yw'r **pâr coed** hwn yn gogwyddo gyda'r tir (Morg)
plocyn (h)olo	*eg*	darn o bren a roddid o dan y ffas mewn man y buwyd eisoes yn **holo** ynddo, er mwyn cadw'r glo rhag disgyn nes y byddid wedi **holo** ar hyd gweddill y ffas (Morg) gw. **tsioc**
plwm	*a*	unionsyth, *pren mas o blwm*—pren nad yw'n sefyll yn unionsyth (Morg, Caerf)
poced	*eg*	gwagle a adewid rhwng **brest y fraich** a'r **coler** er mwyn rhoi lle i'r **coler** ildio ryw ychydig pe ceid **gwasg top** neu **wasg ochr** (Morg, Caerf)
porter	*eg*	post bychan i gynnal y **top** (G Morg)
post	*eg*	ll. **pyst;** darn o bren crwn, fel arfer, a ddefnyddid yn gyffredin dan ddaear yn gyfrwng cynhaliaeth (Morg, Caerf) gw. ffig. 17
post cenol		post a ddynodai'r **ffin** rhwng dau dalcen
post cyfreth		post yr oedd yn orfodol i'r **colier** ei osod er cynnal y **top** ynghanol y ffas (Morg, Caerf) gw. **post inspector**
post gob		post a osodid yn y **gob** er cynnal y **top:** ni châi'r **colier** dâl am ei osod (Morg, Caerf)

post (h)ewl		post a ddaliai'r **top** i fyny yn ymyl yr **(h)ewl** (G Morg)
post inspector		(G Morg), gw. **post cyfreth**
post naw		ll. **côd nawe;** post naw troedfedd o hyd (Morg, Caerf)
pysdo	*be*	gosod **pyst** (Morg, Caerf)
pywlin	*eg*	ll. **pywlins;** (PD, Rhos), gw. **lagen**
riparwr	*eg*	ll. **riparwyr;** (Morg, Caerf), gw. **coediwr**
saffno	*be*	gwneud yn ddiogel, *saffno pâr o god* (Ystrad)
sbango	*be*	gosod **briche** ar ogwydd gyda'r tir (D Morg)
sbrag	*eg*	darn o bren byr trwchus a ddefnyddid: (i) i gynnal y glo yn y ffas tra byddai'r colier wrth ei waith (Morg, Caerf, Rhos) (ii) i atal dram rhag symud drwy ei wthio i mewn i'r olwyn a'i hatal rhag troi (Morg, Caerf) gw. **clo, stagar**
sbrago **sbragio**	*be*	gosod **sbrag** (Morg, Caerf, Rhos). Ceid hefyd ystyr ffigurol i'r gair hwn yn y gymdeithas lofaol: *mae e'n trio troi pawb yn yn herbyn ni —bydd raid inni* **sbrago** *fe,* h.y. ei rwystro
sefyll	*be*	gosod, *sefyll coed, sefyll pyst* (Morg, Caerf)
sgreibar **cylleth sgreibo**	*eg*	cyllell arbennig tua naw modfedd o hyd a ddefnyddiai'r **ffyiarman** neu'r **ofyrman** i farcio pob post a gymerasai i ystyriaeth wrth nodi'r lwfans a oedd yn ddyledus i'r glöwr ddiwedd bob wythnos (Morg, Caerf), gw. **diwrnod mesur** gw. ffig. 19

stagar	*eg*	darn o haearn ac iddo'r un swyddogaeth â **fforch** (i) (Rhyd), gw. ffig. 11
stampad	*eg*	yr hyn a dorrid wrth **stampo** (Morg, Caerf)
stampo	*be*	torri twll bychan yn y **gwilod** gyda **mandrel** yn y man y bwriedid gosod bôn **post** (Morg, Caerf)
stanc	*eg*	pentwr, *stanc goed* (Merth)
stinel	*eg*	(G Morg, Caerf), gw. **stagar**
strap	*eg*	(i) post teneuach na **bar** (ii) **fforch** wedi'i llifio yn ei hanner ac a ddefnyddid fel **coler** mewn **wiced** (Rhos)
stretshar	*eg*	darn o bren a ddefnyddid i ddal y **wyneb** rhag disgyn allan (Rhos)
tanger	*eg*	darn o bren tua chwe troedfedd o hyd a roddid yn y **top** ar ben **coler** neu **bost** mewn man anniogel (Morg)
tangro	*be*	gosod **tanger** (Morg)
tapo coler		cael gwared ar **dop** rhydd a oedd yn bygwth disgyn drwodd uwchben **coler,** trwy ei dynnu i lawr â **mandrel** neu **far** (Morg, Caerf)
tsioc	*eg*	(i) (D Morg), gw. **plocyn (h)olo** (ii) (PD, Rhos), gw. **cogyn**
tynn	*a*	disgrifid **coler** a orweddai'n rhy dynn ar ben y **fraich** fel **coler** oedd yn *dynn fel tant telyn* (G Morg)
watsh	*eb*	disgrifid **pâr o goed** a oedd yn ffitio i'r dim fel *pâr yn ffito fel watsh* (Caerf)
weindyn	*eg*	gorweddiad **coler** ar y **briche,** *'dyw weindyn y pâr côd na ddim yn reit* (D Morg)

8 Ffrwydro

bocs powdwr	*eg*	ers talwm cadwai'r **colier** y powdwr ffrwydro rhydd mewn bocs tun hirgrwn o tua pymtheg modfedd o hyd a ddaliai tua phum pwys (Morg, Caerf)
bresdo	*be*	defnyddio peiriant tyllu a bwysid yn erbyn y frest (Morg, Caerf)
caead twll	*eg*	(D Morg), gw. **trowr**
canwn	*eg*	*saethu canwn*—ffrwydrad na châi unrhyw effaith ar y glo y bwriedid ei ddisodli (Ystrad)
capan	*eb*	S. *detonator,* rhoddid y **gapan** yn y powdwr, â **ffiwz** yn y **gapan**—a chynnau'r **ffiwz** (Morg, Caerf)
citslo tân	*be*	byddai twll weithiau yn **citsio tân,** h.y. yn peri i'r llwch yn yr aer, y tu allan i'r twll, fynd ar dân (Rhyd)
clai	*eg*	defnyddid clai a geid fel arfer o'r ffas i **ramo** twll (Morg, Caerf)
cocyn	*eg*	ll. **coce;** maint penodedig o ddeunydd ffrwydro y rhwymwyd gorchudd (math o bapur fel arfer) amdano, S. *cartridge, cocyn o bowdwr* (Morg, Caerf), gw. **cocen**

cocen *eb* (Caerf), gw. **cocyn, pelan**

cwîl *eg* S. *coil*
cwîl o ffiwz (D Morg)

doti mâs *doti twll mâs*—ffrwydro twll (G Morg, Caerf)

ergyd *eb* (i) sŵn ffrwydro, *ergyd y tanad* (Morg, Caerf)
(ii) ffrwydrad, *ergyd wech*—ffrwydrad a wneid gan ddefnyddio chwe owns o ddeunydd ffrwydro (Caerf)

ffili *be* methu â ffrwydro, *ma'r twll wedi ffili* (Llangenn), gw. **fflato**

ffiwen *eb* S. *fuse*
y ffiwen odd yn cario'r tân mlân i'r twll (GCG)

ffiwz *eg* (Morg, Caerf), gw. **ffiwen**

fflachad *eb* taniad bychan (Caerf)

fflato *be* (Morg, Caerf), gw. **ffili**

fflogar *eg* twll mawr y byddid yn ei danio er mwyn tynnu tua dwywaith gymaint ag arfer o lo i lawr: tanid **fflogar** yn gyffredin yn y **pen ola** (PD)

ffon fesur *eb* pren hir y gellid ei gywasgu i faint llai. Defnyddid ef i fesur pyst, dyfnder tyllau, etc. Gellid ei brynu mewn siop: byddai **riparwyr** gan amlaf yn gwneud eu ffyn eu hunain (Morg, Caerf)

ffyiar! *ebych* yr hyn a waeddid wrth danio twll (Morg, Caerf), gw. **tân**

glo ar dân gallai ambell ffrwydrad hollti'r glo a pheri

		i unrhyw nwy oedd yn y ffas gynnau ar ei hyd. Ceisid ei ddiffodd drwy daflu baw, etc. arno (Morg, Caerf)
gwaith	*eg*	*doti twll i neud gwaith*—ffrwydro twll (Llangenn)
gwaith powdwr	*eg*	gwaith y cynhyrchid ynddo ddeunydd ffrwydro (Morg, Caerf)
gwddwg	*eg*	genau, ceg, *gwddwg y twll* (Morg, Caerf)
gwitho	*be*	ffrwydro, dod â glo neu **dop** i lawr, *ma'r twll wedi gwitho'n grand* (Morg, Caerf)
hala	*be*	tyllu, *hala wyth trodfedd yn y glo* (Caerf)
hitsio	*be*	gosod **powdwr, capan** a **ffiwz** yn y twll yn barod i'w ffrwydro (Cefneith) gw. **tsiarjo**
injin	*eg*	*injin dyllu* (Morg, Caerf), gw. **mashîn**
mashîn	*eg*	peiriant (Morg, Caerf), *mashîn bost, mashîn dyllu*—peiriant tyllu cymharol syml: rhoddid post tua chwe throedfedd o hyd ynghanol yr **hewl** a tharadr yn dod ohono: tynheid y taradr gydag allwedd arbennig gan beri iddo dyllu i'r tir gerllaw gw. ffig. 20
mynd ar ben y twll		mynd i fyny at y twll (Dowl)
nelsn a thröwr		math o **stand** a dril i wneud twll yn y glo. Pwysid y **nelsn** yn erbyn y bol (Morg, Caerf), gw. ffig. 21
pelan	*eb*	ll. **pela;** (D Morg), gw. **cocyn**
plwg pren	*eg*	darn o bren a ddefnyddid i gau twll dros nos, wedi iddo gael ei dyllu y diwrnod

		hwnnw, rhag i faw ac ati ymgasglu yno tra disgwylid i'r **siotsman** ddod yna i'w danio (Rhym)
powdwr	*eg*	defnydd ffrwydrol a ddefnyddid i ryddhau'r glo neu'r tir (Morg, Caerf)
powdwr du		y math cynhara o bowdwr ffrwydro a'r math mwyaf peryglus: prynid ef yn rhydd ac fe'i defnyddid i danio'r glo (Morg, Caerf)
powdwr gwyn		deunydd ffrwydro a ddaeth yn lle'r powdwr du: roedd yn rymusach, ac wedi ei rwymo mewn **pela** neu **goce** (Morg)
preimer	*eg*	y **cocyn** nesaf at enau twll a ddaliai'r **gapan** (Pontyber)
pren twllu	*eg*	darn o bren a roddid ar draws y stumog ac y cysylltid y **tröwr** wrtho wrth dyllu (Pontardd)
pricar	*eg*	darn main o gopr neu bren tua chwe modfedd o hyd ar ffurf hoelen ac iddo flaen miniog: fe'i defnyddid i roi twll yn y powdwr cyn rhoi'r **gapan** i mewn (PD)
ramar	*eg*	darn cul o bren tua phedair troedfedd a hanner o hyd ac iddo flaen gwastad llydan a ddefnyddid i wthio'r deunydd ffrwydro a'r **ramin** i mewn i'r twll (yn aml defnyddid coes brws, â cheiniog ar ei blaen, fel **ramar**): yng ngwaith Pantyffynnon, Rhydaman, y **ramar** oedd yr unig offeryn a gâi'r gweithiwr am ddim gan y cwmni (Morg, Caerf), gw. ffig. 22
ramo	*be*	llenwi twll i'w enau â chlai, neu ryw ddeunydd meddal tebyg, ar ôl rhoi'r deunydd ffrwydro i mewn ynddo (Morg, (Caerf)

ramin *eg* yr hyn a ddefnyddid i **ramo** twll: defnyddid clai fel arfer, ond byddai rhai glowyr yn rhoi llwch glo (er nad oedd yn gymeradwy gan yr awdurdodau, yn enwedig mewn gweithfeydd glo stêm) ar ôl gwneud dŵr arno er mwyn ei wneud yn ludiog (Morg, Caerf), gw. **stampin**

sgrapar *eg* darn syth o bren tua phedair troedfedd o hyd ac iddo flaen copr ar ffurf llwy: fe'i defnyddid i gael llwch allan o'r twll ar ôl tyllu (Morg)

sgriw *eb* dril, *sgriw dop, sgriw lo, sgriw wilod* (Pontardd)

sgwb *eg* darn o bren tua phedair troedfedd o hyd ac iddo lwy gopr tua chwe modfedd o hyd ar ei flaen: fe'i defnyddid yn nyddiau'r **powdwr** rhydd i roi'r deunydd ffrwydro ym mhen draw'r twll (D Morg)

sgwiben *eb* **powdwr** a roddid mewn papur i arwain at y **powdwr** rhydd yn y twll (Morg)

siotsman *eg* yn nyddiau'r **powdwr** rhydd, y **siotsman** oedd yn gyfrifol am danio tyllau'r glöwr (Morg)

sithu
saethu *be* ffrwydro, *sithu'r gwilod* (Morg, Caerf)

slej *eb* gordd drom a ddefnyddid i daro'r **taradr** wrth dyllu (Morg, Caerf)

stampin *eg* (Rhos), gw. **ramin**

stand *eb* math o bost cul ac arno ddril

stand dop — **stand** a ddefnyddid i wneud twll yn y **top.** Gellir ei chodi i uchder o chwe troedfedd (Caerf)

stand lo		**stand** yn llai (tua thair troedfedd) a ddefnyddid wrth dyllu yn y glo (Caerf)
tân!	*ebych*	(Llangenn), gw. **ffyiar**
tân marw	*eg*	tân a geid fel arfer yn y **gob.** Byddai'r glo mân, sglodion coed, etc., yn y gob yn cael eu gwasgu gan y **top** gan beri weithiau i fath o dân gynnau yn raddol—ond heb iddo fflamio. Digwyddai hyn fel arfer yn y gweithfeydd **glo stêm** (Morg). Hefyd dywedid am dwll a fyddai'n cymryd amser hir i danio fod **tân marw** ynddo.
tanad	*eg*	ll. **tanaton;** tanchwa, *bachan trw'r tanad*—cymeriad o fachgen! (Morg, Caerf)
tanio	*be*	(Rhos, PD), gw. **tano**
tano	*be*	ffrwydro (Morg, Caerf)
tarad	*eb*	ll. **teryd;** math o ebill hir main a ddefnyddid i dyllu drwy ei tharo â gordd: ceid terydr o hydau gwahanol, rhwng dwy droedfedd a thair troedfedd a hanner (Morg, Caerf)
taro	*be*	wrth dyllu â **tharad** (yn y **top** neu yn y **gwilod)** gwaith y naill weithiwr oedd troi'r taradr ar ôl pob ergyd gyda'r ordd, a gwaith y llall oedd ei **daro** (Morg, Caerf)
träwr	*eg*	y gweithiwr a drawai'r taradr â'r ordd (Morg, Caerf)
tröwr	*eg*	(i) y gweithiwr a ddaliai'r ordd tra trewid hi gan y llall: roedd rhywfaint o gelfyddyd yn y gwaith o **droi:** y gyfrinach oedd rhoi tro bychan (hanner tro) i'r taradr yn syth ar ôl pob ergyd, ac yr oedd yn hawdd i rywun dibrofiad beri i'r taradr fynd yn sownd, yn y twll, gan **gaead y twll** fel na

ellid symud y taradr i mewn nac allan heb drafferth mawr (Morg, Caerf)
(ii) S. *drill,*
nelsn a thröwr (Morg, Caerf)

tsiarjo *be* (Morg, Caerf), gw. **hitsio**

twll *eg* lle gwag a wneid yn y glo neu yn y tir fel y gellid rhoi ynddo ddeunydd ffrwydro (cyff)

twll canol twll a wneid ynghanol y **frest** ac a ffrwydrid ar yr un pryd â **thwll pen 'r hedin** a **thwll pen ola** (PD)

twll codi pan fyddai **graen codi** ar y glo tyllid yng ngwaelod y **frest** er mwyn ei godi tuag i fyny a thuag allan: ni byddid yn **suo** dan yr amodau hyn (PD)

twll cwt twll y byddid yn ei danio yn y **cwt** er mwyn cael gafael ar **ben rhydd** (Morg, Caerf)

twll glân twll crwn, syth, heb gload ynddo (Morg, Caerf)

twll glo twll a wneid yn y glo yn hytrach nag yn y tir (Morg, Caerf)

twll gwilod twll a wneid yn y llawr (Morg, Caerf)

twll o wilod (Res), gw. **twll gwilod**

twll hyd y twls twll pedair troedfedd a hanner, o hyd yr ebill hwyaf oll (Trims)

twll (h)olyn twll a saethid yn y glo uwchben y gwagle a adawsid wedi tynnu'r **holyn** oddiyno (Morg, Caerf)

twll pen ola twll a wneid yn y **pen ola** (PD)

twll pen 'r hedin twll a wneid ym **mhen 'r hedin** (PD)

twll top — twll a saethid yn y **top** ac a barai dipyn o waith clirio ar ei ôl; *ma twll top o le yn y gecin na*—lle blêr, anniben (Morg, Caerf)

twll o dop — (Res) gw. **twll top**

tyllu
twllu — *be* — gwneud twll er mwyn gosod ynddo ddeunydd ffrwydro (cyff)

tŷ powdwr — *eg* — sied a godwyd o'r neilltu ar ben y gwaith: cedwid ynddi ddeunydd ffrwydro (Morg, Caerf), S. *magazine*

9 Offer

atsiad	*eg*	ll. **atsieti;** bwyell (D Morg), gw. **bŵell**
bar	*eg*	darn o haearn tua chwe throedfedd o hyd a thri chwarter modfedd o drwch, gyda thafod bychan ar ei ben blaen, a ddefnyddiai'r glöwr i dynnu darnau rhydd i lawr o'r **top** neu o'r ochr (Morg, Caerf) gw. **bar colier**
bar colier		(PD), gw. **bar**
bar tŵls		bar haearn tua deunaw modfedd o hyd ac arno glo, y rhoddai'r glöwr ei offer arno cyn mynd adre ddiwedd y dydd rhag i rywun eu dwyn. Ceid twll yng nghoes bob offeryn, a rhoddid y bar drwyddynt bob yn un ac un (D Morg) gw. ffig. 23
basged	*eb*	math o flwch tun bychan y byddai'r hogiau ifainc yn hel glo'r **wyneb** iddo â chribin, a'i wagio i'r ddram (Tanyfr) gw. **bocs cwrlo, paitsh**
bocs cwrlo	*eg*	llestr tun y byddai'r crwt ifanc yn ei ddefnyddio i hel y glo a ddaethai o'r ffas, drwy ei wthio ar hyd llawr y talcen; yna gwagiai'r bocs i'r ddram (Morg, Caerf), gw. **basged, paitsh,** gw. ffig. 24

bocs bwyd — llestr tun y cludai'r glöwr ei fwyd ynddo i'r gwaith, *torri bocs*—paratoi bwyd i'w roi yn y **bocs bwyd** (gwaith gwraig y tŷ fel arfer) (Morg, Caerf) gw. **tun bwyd, tun snapyn**

bocso *be* codi'r glo o'r llawr i'r **bocs cwrlo** (Morg, Caerf)

bŵell *eb* defnyddiai'r glöwr fwyell i dorri **pyst** ac i naddu **braich** a **choler.** Y fwyell oedd prif offeryn y **coedwr** ac yr oedd ganddo fwy nag un fel arfer; cadwai un yn arbennig at waith naddu a chymerai ofal mawr ohoni: defnyddiai'r **coedwr** fwyell oedd ychydig yn fwy na bwyell y glöwr pan fyddai'n torri pyst ac ati (Morg, Caerf), gw. **atsiad**

bywc *eg* bwced mawr a ddefnyddid i godi dŵr neu faw wrth suddo pwll newydd (Morg, Caerf)

carreg *eb* ll. **cerrig;** fel rheol mewn ymadroddion

carreg awchu
carreg rwto — carreg fechan a ddefnyddiai gweithwyr dan ddaear i roi min ar fwyell (Morg, Caerf),

gweithiwr heb fin
gweithiwr go gyffredin—

cwpled a glywid gynt yn ardal Pontyberem

carreg fân — carreg gron y byddai'r gof yn ei defnyddio i hogi rhai o offer y glowyr ar ben y gwaith (Morg, Caerf), gw. **maen**

cien
gien *eb* math o **wej** fechan a drewid i lafn y **mandrel patent** er mwyn ei gloi wrth y goes (Morg)

clampen *eb* ll. **clamps;** dau ddarn o haearn a drewid i'r glo yn ymyl ei gilydd gan fwrw gaing rhyngddynt a pheri i'r glo ymrwygo (Morg, Caerf), gw. **cramp**

côs	*eb*	ll. **coese;** cyfeirid yn gyffredin at **gôs mandral, côs bŵell,** ac ati. Yr oedd *hyd côs mandral* yn fesuriad cyffredin gan y glöwr—golygai hyd o ryw ddwy droedfedd a hanner (Morg, Caerf)
cramp	*eg*	ll. **cramps;** gw. **clampen**
crau **crou**	*eg*	twll ynghanol llafn y **mandrel** yr âi'r goes iddo (Morg, Caerf)
cribin	*eg*	offeryn tua thair troedfedd o hyd ac iddo flaen danheddog a ddefnyddid i hel darnau o lo i'r **fasged** neu'r **paitsh** (Rhos, Tanyfr)
cwilet	*eg*	ll. **cwils;** math o **wej** bren neu haearn a drewid i **grau mandrel** neu **slej** er mwyn tynhau'r goes wrth y llafn (Morg, Caerf)
cwmpas	*eg*	(Morg, Caerf), gw. **diol**
cwrlyn	*eg*	os plygwyd blaen neu gornel offeryn am i mewn o ganlyniad i ergyd dywedid bod **cwrlyn** arno (Cwmaf)
cŷn	*eg*	(Rhos), gw. **gain**
diol	*eg*	ll. **diolydd;** offeryn y mesurwr tir i sicrhau neu fesur cyfeiriad priffordd (Rhos) gw. **cwmpas**
drasen	*eb*	(Caerf), gw. **trasen**
dresar	*eg*	offeryn ac iddo un pen ar ffurf morthwyl a'r llall ar ffurf pig (PD), gw. ffig. 25
durio	*be*	caledu blaen offeryn â dur—âi'r **colier** â'i offer (y **mandreli** yn fwyaf arbennig) at y gof ar ben y gwaith i gael gwneud hyn (G Morg), gw. **tempri**

ebill *eg* ll. **ebillion;** roedd gan y rhan fwyaf o lowyr tua thri o ebillion gwahanol ar gyfer gwneud tyllau yn y tir (PD), gw. **tarad**

ffon *eb* fel rheol mewn ymadroddion

ffon fesur (Morg, Caerf), gw. **pren mesur**

ffon ffyiarman ffon syth tua thair troedfedd o hyd: ceid twll yn ei gwaelod fel y gallai'r ffyiarman fachu ei lamp yno pan fyddai'n ei gwthio i le diarffordd er mwyn profi ansawdd yr aer yno (Morg, Caerf), gw. ffig. 26

gain *eb* ll. **geingon;** offeryn byr trwchus o haearn (neu ddur yn ddiweddarach) ac iddo flaen gwastad main, a drewid i dir ac i lo (Morg, Caerf)

gain dir (Rhydam), gw. **gain dop, gain fawr, gain galed**

gain fach
gain lo gaing a ddefnyddid ar y glo—roedd yn hwy o ychydig na'r aing a ddefnyddid ar y tir (Morg, Caerf)

gain fawr
gain dop gaing a ddefnyddid ar y top, a'r gwaelod, a'r tir yn gyffredinol: roedd yn fwy trwchus na'r aing lo ac ansawdd ei haearn yn galetach (Morg, Caerf), gw. **gain dir**

gain galed (Llangenn), gw. **gain dir**

gain gou S. *gouge* (Rhondd)

gordd *eg* (Rhos), gw. **slej**

(h)wrdd a dafad *eg* offer a ddefnyddid i hollti craig neu ddarn mawr o lo; ar ôl taro'r **ddafad** (dau ddarn haearn cymharol flaenllym) i'r tir gwthid gaing (yr **(h)wrdd**) rhyngddynt gan daro'n drwm a pheri agoriad sylweddol(Rhym) gw. ffig. 27

jac *eb* math o botel dun y cludai'r glöwr ei ddiod ynddi i'r gwaith; daliai, fel arfer, beint neu chwart (Morg, Caerf), gw. **potal, pozet, stên,** gw. ffig. 28

lashin *eg* (Caerf), gw. **trasen**

llawlif *eg* llif a ddefnyddid gan y **riparwr** i lifio coed (Morg, Caerf)

maen *eg* (Rhos), gw. **carreg fân**

mandrel
mandral *eg* prif offeryn y glöwr a ddefnyddid ganddo i dorri glo a thir; roedd yn debyg i bicas o ran ffurf (Morg, Caerf)

mandral brico (Rhym), gw. **mandrel gwilod**

mandrel cam (G Morg, Caerf), gw. **mandrel gwilod**

mandrel cwmws **mandrel** ychydig yn llai na'r **mandral (h)olo** a ddefnyddid i **gwto** (G Morg, Caerf)

mandral cwt
mandral cwto (Morg), gw. **mandrel cwmws,** gw. ffig. 29

mandrel glo **mandrel** ac iddo lafn syth a ddefnyddid gan y glöwr i **holo** (Caerf) gw. **mandral (h)olo**

mandrel gwilod defnyddid hwn at y gwaelod ac i dynnu glo a thir i lawr. Yr oedd iddo lafn cam a fesurai tua throedfedd a hanner ar ei draws (Morg, Caerf), gw. **mandral brico, mandrel cam, mandral mawr, mandrel tir,** gw. ffig. 30

mandral (h)olo (Morg, Caerf), gw. **mandrel glo**

mandral mawr (D Morg), gw. **mandrel gwilod**

mandrel tir (Caerf), gw. **mandrel gwilod**

mochyn	*eg*	math o bwmp bychan a ddefnyddid i gael gwared ar ddŵr o fannau gwlyb dan ddaear (G Morg)
moel **mwyl** **moelen** **moelyn**	*eg* *eg* *eb* *eg*	offeryn haearn main, tua thair troedfedd o hyd ac iddo flaen fel pigyn a ddefnyddid i hollti darnau mawr o lo (Morg, Caerf)
mwylo	*be*	defnyddio **mwyl** (Trebth)
paitsh	*eg*	offeryn tebyg i'r **bocs cwrlo;** roedd ar ffurf blwch, gydag un pen iddo yn agored fel y gellid ei wthio o dan y glo a orweddai ar lawr yr **wyneb,** a'i godi i ddram. Defnyddid y **paitsh** yng ngwaith Wynnstay, lle y gweithid y glo ar ogwydd, gan ei gwneud hi'n anodd i ddefnyddio rhaw i'w godi o'r llawr (Rhos) gw. **basged, bocs cwrlo**
picas	*eg*	math o gaib ac iddi goes tua dwy droedfedd chwe modfedd o hyd a llafn tuag ugain modfedd ar draws (Rhyd) S. *pickaxe* gw. ffig. 31
pig	*eg*	(Rhos, PD), gw. **mandrel**
pig colier		roedd yn 'sgafnach o dipyn na **phig hediwr,** a'i lafn yn fwy syth
pig hediwr		pwysai tua phedwar pwys ac yr oedd yn drymach nag unrhyw big arall: ceid iddo lafn cam
plât	*eg*	*plât y rhaw*—y rhan o'r rhaw a fyddai'n codi pethau (Morg, Caerf)
plwmp	*eg*	ll. **plwmpe;** pwmp a gâi wared ar ddŵr o waelodion gwaith glo a'i godi allan i wyneb y ddaear (Morg, Caerf)

potal *eb* ll. **poteli, potala;** llestr o dun a ddaliai ddiod y glöwr: llenwid hi â dŵr neu de oer cyn gadael y tŷ, ac yfid ohoni dan ddaear yn ystod y dydd; daliai chwart o ddiod fel arfer (PD)
gw. **jac, pozet, stên**

pozet *eg* (Trebth), gw. **jac, potal**

pren mesur darn hir o bren a ddefnyddiai'r glöwr a gweithwyr eraill i fesur **coed, gwaelod, top** ac ati: gellid ymestyn neu gywasgu'r pren yn ôl y galw (Morg, Caerf)
gw. **ffon fesur, staff fesur**
gw. ffig. 32

pŵl *a* heb fin; dywedid am offeryn a gollodd ei fin ei fod yn **bŵl,** *ebill pŵl* (PD)
gw. **pwt, twp**

pwt *a* (Caerf), gw. **pŵl**

rhaw *eb* offeryn y mae iddo goes, a phlât hacarn ar ei waelod, a ddefnyddid i godi glo a cherrig ac ati (cyff)

rhaw badell ffrio (Rhos), gw. **rhaw llenwr**

rhaw côs hir rhaw ac iddi goes oedd tua phedair troedfedd o hyd a ddefnyddid i rofio glo yn syth o'r ffas i'r ddram, ac i arbed y glöwr rhag plygu (Morg, Caerf)
gw. **rhaw twlu nôl**

rhaw fawr rhaw yr oedd ei phlât yn llawer iawn mwy na phlât y **rhaw golier,** a ddefnyddid i lenwi glo yn syth o'r ffas i'r ddram. Amrywiai'r rhofiau hyn o ran maint, a gwneid y coesau o goed lleol, gan sicrhau fod y goes yn gam fel y gellid ei defnyddio'n fwy hwylus (Clyd)

rhaw golier		rhaw ac iddi blât llydan a ddeuai i ffurf pigyn yn y pen: codid ymylon y plât ryw ychydig (Morg, Caerf)
rhaw llenwr		rhaw oedd yn lletach ei phlât na'r rhaw a ddefnyddid gan y glöwr, ac a ddefnyddid gan y **llenwr** (PD)
rhaw twlu nôl		(Pontardd), gw. **rhaw côs hir**
rhidyll	*eg*	defnyddid yr offeryn hwn gan y **llenwr** i wahanu'r **glo bras** a'r **slec** (PD)
sbonor	*eg*	S. *spanner* (Rhos)
slej	*eg*	offeryn ac iddo flaen haearn trwm a ddefnyddid i daro **teryd** ac ati (Morg, Caerf), gw. **gordd**
sialc	*eg*	defnyddid sialc yn gyffredin gan y glöwr i nodi ei rif ar ddram a lanwyd ganddo, neu i nodi hyd, ac ati, wrth fesur a thorri coed (cyff)
sialcyn	*eg*	marc a wneid â sialc (Rhondd)
siyflan	*eb*	ll. **siyfla;** math o raw a'i hymylon yn troi am i fyny a ddefnyddid i rofio baw (PD)
staff fesur		(Pontardd), gw. **pren mesur**
stên	*eb*	ll. **stene** (Morg, Caerf)
strapen wddwg **strapen lamp**	*eb*	gwisgid strapen ledr, megis coler ci, am y gwddf gan rai glowyr, fel y gallent hongian y lamp wrthi yn hytrach na'i dal yn y dwylo; yn aml defnyddid **iorcen** at y pwrpas hwn (Morg, Caerf)
tarad	*eb*	ll. **teryd;** math o ebill hir main a ddefnyddid i dyllu drwy ei tharo â gordd: ceid terydr o hydau gwahanol, rhwng dwy

		droedfedd a thair troedfedd a hanner (Morg, Caerf) *tarad ddŵr a'r ddwy blwmen* (Caerf), gw. *twls cenhedlu*
tempri	*be*	(Morg), gw. **durio**
trasen	*eb*	strapen ledr a roddid gan grwt am ei ganol wrth **garto.** Cysylltid iddi ddwy gadwyn yn y tu blaen a redai tuag yn ôl rhwng y coesau i gydio wrth **gart** bychan. Tynnai'r crwt y **cart** hwn y tu ôl iddo wrth weithio rhwng y ffas a'r **siafft** (Cefneith) gw. **drasen, lashin**
trosol	*eg*	bar hir o haearn ar ffurf gaing (Rhos) S. *crow bar*
tun bwyd		(Rhos, Caerf), gw. **bocs bwyd**
tun snapyn		(PD), gw. **bocs bwyd**
tŵl **tŵlyn** **twlsyn**	*eg*	ll. **tŵls, tŵlz;** offeryn (cyff), *tŵls twllu, tŵls saethu; tŵls cenhedlu*—o ran hwyl gyrrid crwt ifanc diniwed weithiau at weithiwr cyfagos i ofyn am fenthyg y *tŵls cenhedlu* (Morg)
twp	*a*	(Morg), gw. **pŵl**

10 Goleuo

cannwll *eb* ll. **canwylle;** defnyddid cannwyll yn gyson i roi goleuni mewn gwaith **gole nôth**—sef gwaith glo y ceid ynddo cyn lleied o nwy fel y gellid defnyddio fflam agored yno. Glynai'r glöwr y gannwyll wrth bost cyfagos tra oedd yn gweithio, neu ei rhoddi mewn math o lestr a weithredai fel lamp (cyff)

canwyllarn *eb* llestr tun a ddaliai gannwyll neu lamp (Cwmt), gw. **darc, lantarn, tecwch**

carth *eg* y rhan o'r lamp a ddaliai'r pabwyr, S. *burner*
carth y lamp (Dowl)

comet *eg* enw ar lamp a wnâi'r glöwr ei hun drwy dyllu yn nhop tun *Brasso,* a'i sodro fel y daliai babwyr; rhoddai gymysgedd o baraffin ac olew trwm yn y tun, a'i gynnau (Cwmdr)

chwythu'r lamp byddai ffiarman yn profi lampau'r glowyr ar ddechrau bob **tyrn** yn y **lamprwm** drwy chwythu arnynt (PD)

darc *eg* (Cwmtrch), gw. **tecwch**

dogyn *eg* offeryn bychan a wneid o wifren drwchus gan y gof ar gyfer y glöwr i ddal **lamp gole nôth;** trewid y **dogyn,** i bost, a rhoi'r lamp arno (G Morg), gw. **sbingaleryn**

ffiwglar *eg* offeryn main ar ffurf pin hir a ddefnyddid gan **halier,** gan mwyaf, i fwrw ymaith **dopyn** a ymgasglai ar babwyr y lamp: byddid fel arfer yn ei binio ar y frest (Cwmtrch)

gole nôth
gole ôth *eg* goleuni yn cynnwys fflam agored nas gorchuddid rhag yr awyr o'i chwmpas, *lamp gole nôth* (Morg, Caerf)

lamp *eb* ll. **lampe;** goleuni a orchuddiwyd gan fath o lestr (cyff)

lamp dafydd *cael lamp dafydd* (Rhos) gw. **câl lamp fach**

lamp dân (i) lamp y llosgid paraffin ynddi ac a ddefnyddid gan y glöwr wrth ei waith (Rhym)
(ii) lamp a losgai â fflam agored (G Morg)

lamp fach *câl lamp fach*—ymadrodd cyffredin i ddynodi bod glöwr wedi cael ei ddyrchafu i fod yn **ffyiarman** neu **ofyrman** (Morg, Caerf)

lamp gole nôth lamp y ceid ynddi fflam nas gorchuddid

lamp sefti lamp glöwr y gorchuddid ei fflam fel na fedrai gynnau nwy (Caerf)

lamprwm *eg* adeilad ar ben y gwaith y cedwid ynddo yr holl lampau: deuai pob un a weithiai dan ddaear yno i *godi lamp* cyn mynd i lawr, gan ddychwelyd y lamp cyn mynd adre (Morg, Caerf, Rhos), gw. **siet lamps**

lantarn *eg* (G Morg, Caerf), gw. **tecwch**

papur lamp mewn rhai ardaloedd roedd yn rhaid i bob gweithiwr a ddechreuai weithio dan ddaear gael papur arbennig gan un o swyddogion y gwaith a'i cyflwynai i'r **lamprwm** ac a roddai'r hawl iddo gael lamp. Ni châi neb fynd dan ddaear heb iddo yn gyntaf gyflwyno'r cyfryw bapur a chodi lamp. Roedd rhif gwahanol ar bob lamp, a nodwyd yr enw priodol gyferbyn â'r rhif hwnnw mewn cofrestr bwrpasol. Fel rheol cadwai bob gweithiwr at yr un rhif tra gweithiai yn y gwaith hwnnw. Cyffredin, yn ardal Pontyberem, oedd clywed cymydog yn gofyn i löwr, oedd newydd gael mab a oedd *wedi cwnnu i bapur lamp e 'to* —gan gyfeirio at y ffaith mai i'r gwaith glo yr âi'r mab yntau i weithio yn ei dro (Morg, Caerf, Rhos)

pill *eg* math o wddf yng ngwaelod y lamp y codai'r pabwyr drwyddo
pill y lamp (Rhondd)

pin mawr *eg* y ddaear, y llawr; yr oedd yn arferiad i grogi'r lamp wrth bin neu ar hoelen mewn post ac oni byddai hyn yn bosibl, rhoddid y lamp gan amlaf *ar y pin mawr* (Rhondd)

sbêr *eg* darn blaenllym o haearn neu o bren a haearn a drewid i bost i ddal lamp neu gannwyll (Treban)
gw. **sbic, sbicyn**

sbic
sbicyn *eg* (D Morg), gw. **sbêr**

sbingaleryn *eg* (G Morg), gw. **dogyn**

siet lamps *eb* (Rhos), gw. **lamprwm**

smwtio *be* codi neu ostwng fflam y lamp, *smwtio'r lamp* (Rhos)

stop lamp — roedd yn rhaid i bob glöwr godi lamp o'r **lamprwm** cyn y câi fynd i lawr i'r pwll: rhoddwyd terfyn ar ddosbarthu'r lampau yn y **lamprwm** ryw ychydig cyn dechrau bob **tyrn** a gelwid **stop lamp** ar y weithred honno, *ffiles i fynd lawr bore 'ma 'chos odd i'n stop lamp arna i* (Morg, Caerf)

strapen lamp
strapen wddwg *eb* pan fyddai'r glöwr yn gweithio ar ei bennau gliniau mewn man isel byddai yn aml yn crogi ei lamp wrth strapen fechan ledr a roddai am ei wddf (Morg, Caerf)

tân *eg* fflam neu oleuni'r lamp (cyff)
codi'r tân—codi'r fflam
cadw tân—cadw'r lamp ynghyn
colli tân—y lamp yn diffodd
mâs o dân—y lamp wedi diffodd
dal dân!—dangos olau!

tecwch *eg* math o **lamp gole nôth** a wneid trwy dorri ymaith un ochr i dun crwn cyffredin (e.e. tun ffrwythau, tun coco) a gosod sail cadarn (o bren, fel arfer) ar waelod y tun neu fwrw gwaelod y tun allan a rhoi pren yn ei le. Tynnid ymylon y tun at ei gilydd yn y pen uchaf a gosodwyd dolen arno (gwifren fel arfer). Gwneid twll yn ei waelod a rhoddi ynddo gannwyll neu lamp fechan (Cwmaf)
gw. **canwyllarn, darc, lantarn**
gw. ffig. 34

topo *be* bwrw ymaith y **topyn** oddi ar babwyr y lamp (Morg)

topyn *eg* gweddillion a fyddai'n crynhoi ar babwyr y lamp fel y llosgai (Morg)

twll cloi *eg* math o gwt a fyddai gan y **ffyiarman** ar ymyl ei **ddistrict;** yno y byddai'n profi **lampe sefti**'r glowyr cyn iddynt fynd at eu gwaith, gan sicrhau yn bennaf eu bod wedi eu cloi yn iawn (er mwyn diogelwch, gwneid y **lampe sefti** yn y fath fodd fel na ellid eu hagor wedi iddynt gael eu cloi gan y **ffyiarman)**

tywyll *a* *ma'r lamp wedi mynd i'r tywyll*—mae'r lamp wedi diffodd (Morg, Caerf)

11 Trafnidiaeth

acstri	*eg*	ll. **acstrie;** echel, *dram lan at yr acsdri*—dram a ddaeth oddi ar y rheilffordd â'i **hacstri,** yn hytrach na'i holwynion, yn gorffwys ar y reilen (G Morg)
adyn: atyn **aden: aten**	*egb*	darn syth, byr o reilffordd a fyddai'n newid cyfeiriad dram ar drofa a'i harwain i ffordd arall. Rhoddid un bob ochr i'r rheilffordd, *adyn llaw whith,* ac *adyn llaw dde* (Morg, Caerf)
alsen: elsen	*eb*	ll. **(r)els;** reilen (Rhos)
alsen trofa		reilen â cham ynddi a ddefnyddid wrth droi oddi ar un ffordd i ffordd arall gw. **ralsan, reilen**
arian	*eg*	tâl
arian ffas		math o gilbwt, tua swllt yr wythnos, a roddai'r **dramwyr** i'r **halier** am ddod â dramiau ar eu cyfer o'r **partin** i'r **hedin** (Llangenn), gw. **cildwrn, ffetsiyn, trwmpyn**
arian wai		(Bon), gw. **pris llanw**
bachgen	*eg*	fel rheol mewn ymadroddion

bachgen drofa		bachgen a'i waith oedd codi pwyntiau ar y rheilffordd i reoli cyfeiriad y ddram neu'r **siwrne** (Rhos)
bachgen fflat		ef fyddai'n dadgyplu'r dramiau gwag ar gyfer y **pwtiwrs** ac yn cyplu'r dramiau llawn ar gyfer y **dreifar:** gweithiai yn **fflat** y **pwtiwrs**
bachu	*be*	(i) rhoi **tybia** yn y **gaets** ar waelod y pwll (PD) (ii) *faint o fachu wyt ti?*—sawl **twb** wyt ti wedi ei lenwi? (PD)
bachwr	*eg*	y sawl a oedd yn gyfrifol am roi'r **tybia** llawn yn y **gaets** ar waelod y pwll (PD)
bancwr	*eg*	(Caerf), gw. **bonciwr**
barwc	*eg*	(Morg, Caerf), gw. **ci**
bedo	*be*	llenwi'r ddram o lo hyd at ei hymylon (Morg, Caerf)
benffordd	*eg*	y tir a ffiniai ar y rheilffordd (PD, Rhos) gw. **ben rewl**
ben rewl	*eg*	(Morg, Caerf), gw. **ben ffordd**
bòd		ceffyl yn tynnu *fel y bòd*—fel y cythraul (PD)
bola	*eg*	*bola'r ddram*—gwaelod hanner-crwn y ddram (Morg, Caerf)
bolio	*be*	*dram wedi bolio*—dram y gwthiwyd ei hochrau allan gan bwysau'r **top** ar y glo a safai uwchben ymylon y ddram (Caerf) gw. ffig. 36
bombi	*eb*	dram fawr a ddaliai rhwng tunnell a hanner a dwy dunnell o lo: ni fyddid, gan amlaf, yn ei **raso** (Morg)

bompi *eg* math o orchudd lledr tua deunaw modfedd o led a chwarter modfedd o drwch a roddid dros **grwmp** y ceffyl

bonciwr *eg* gweithiwr a dynnai ddramiau llawn o'r **carej** ar ben y pwll gan roi dramiau gwag yn eu lle i'w cludo dan ddaear (Rhos) gw. **bancwr**

bond *eg* y cerbyd a redai rhwng yr **wyneb** a gwaelod y pwll (Morg), gw. **caij**

braich *eb* rhan o drofa ar reilffordd. Ceid dwy **fraich** ar **drofa,** a cnwid, oblegid eu ffurf, yn *fraich gam* a *braich syth* (Rhos)

bryidl *eg* (Ystradgn), gw. **sbec**

bwgi *eb* (i) cerbyd tua chwe throedfedd o hyd a gludai goed dan ddaear; roedd iddo waelod gwastad â phost ymhob cornel; nid oedd iddo ochrau gan amlaf (Morg, Caerf), gw. **car côd, carej côd, lori goed** (ii) dram fechan a ddefnyddid mewn **ffyrdd aer** (Rhondd)

bwgi ddŵr math o ddram fawr a gludai ddŵr dan ddaear (Morg, Caerf)

bwlyn *eg* ll. **bwle;** canol olwyn y ddram, a gysylltai â'r acstri (G Morg)

cadw'r slât wrth weithio **topolion,** byddai un **dramwr** yn gyfrifol am sicrhau bod y **dramwyr** eraill yn dosbarthu'r dramiau yn gywir ymhlith y glowyr; gwnâi hyn drwy gadw cyfrif ar lechfaen (**cadw'r slât**) a châi ryw geiniog yr wythnos gan bob glöwr am ei drafferth (Llangenn), gw. **cadw'r tro, rhannu'r tro, rhannu'r troad**

cadw'r tro (Morg, Caerf), gw. **cadw'r slât**

caij	*eg*	y cerbyd a redai rhwng pen y gwaith a gwaelod y pwll gan gario dynion a dramiau (PD), gw. **bond, carej, cariar**
calyn	*be*	gweithio â cheffyl neu ful a dynnai ddramiau dan ddaear, *calyn ceffyl, calyn mul* (Rhos), gw. **(h)alio, (h)ala**
camren	*eb*	darn o bren llorwedd y tu ôl i'r ceffyl a gynhaliai'r cadwyni a ddeuai o'r **coler** i'r gadwyn a gysylltai â'r ddram a dynnid y tu ôl iddo (G Morg, Caerf), gw. **stent**
car côd	*eg*	(Morg, Caerf), gw. **bwgi**
carej	*eg*	(Morg, Caerf), gw. **caij**
carej côd		(Morg, Caerf), gw. **bwgi**
cariar	*eg*	(Rhos), gw. **caij**
caritsied	*eb*	llond **carej** *caritsied o ddynon* (Caerf)
cart	*eg*	cerbyd bychan pren a oedd fel arfer tuag un rhan o dair o faint dram gyffredin, a ddefnyddid i gludo glo mewn llefydd isel fel **topol** neu **ffordd aer:** tynnid y **cart** ar gadwyn gan un o'r gweithwyr (Morg, Caerf)
car(t) llusg		math o gwch pren heb gefn a ddefnyddid mewn lle isel i gludo glo o'r ffas i'r **staj** drwy ei lusgo ar hyd y llawr (Morg, Caerf) gw. ffig. 35
cefen lleter	*eg*	darn hir o ledr a wisgai'r **halier** dros ei gefn o'r ysgwyddau hyd at ychydig yn is na'r pen ôl: roedd yn gymorth i gynnal y cefn wrth godi dramiau a ddisgynnodd oddi ar y rheilffordd neu wrth ddal dram **yn ôl ar lethr** pan ddefnyddid **siafft tsiaens** (Morg), gw. **croper**

ceffyl *eg* ll. **ceffyle, ffyle;** defnyddid ceffylau yn gyffredin i dynnu dramiau dan ddaear: ceid hefyd weithiau gesyg a mulod ond nid oeddynt gan amlaf mor hawdd i'w trin (cyff)

ceffyl pẁl ceffyl cryf a roddai gymorth i geffyl arall i dynnu dramiau mewn man serth drwy ei glymu wrth siafft y ceffyl cyntaf â chadwyn (Morg, Caerf), gw. **ceffyl tsiaen**

ceffyl tsiaen (Morg, Caerf), gw. **ceffyl pẁl**

ffyle dreifio y ceffylau mwyaf a chryfaf a ddefnyddid fel arfer gan y **dreifars** (Rhos)

ffyle pwtio y ceffylau lleiaf a ddefnyddid gan y **pwtiwrs** (Rhos)

cêl *eg* trefn dosbarthiad y dramiau dan ddaear, *wyt ti 'di cael twb allan o dy gêl; ein cêl ni di nesa* (PD), gw. **tro**

celio *be* mynd â **thwb** allan o dro: dwyn **twb** (PD), Y **clynwrs** fyddai'n euog o wneud hyn fel arfer wrth fynd â dramiau o'r **pasbyi** i'r **ogofey:** byddai glöwr yn aml yn annog **clynwr** i **gelio** ac o ganlyniad câi'r glöwr fwy o ddramiau i'w llenwi, a châi'r **clynwr** fwy o gilbwt ganddo ddiwedd yr wythnos

cetyn *eg* ll. **cate, cete, cetyne;** darn o reilffordd a oedd yn fyrrach na phâr cyffredin. Roedd darn cyffredin o reilffordd yn dair llathen o hyd: oni cheid digon o le rhwng pen y pâr diwethaf a roddwyd i lawr a'r ffas, gosodwyd pâr o **gate**—sef pâr tua dwy lath o hyd. Golygai hyn y medrai'r glöwr dynnu dram i fyny at ymyl y ffas wrth ei llenwi. Ar ôl bwrw rhyw lathen ymhellach ymlaen, codid y **cate,** a rhoi pâr cyffredin yn eu lle (Morg)

ci	*eg*	darn blaenllym o haearn tua throedfedd o hyd a geid y tu ôl i'r ddram olaf mewn **siwrne** fel y cydiai yn y tir pe dechreuai'r **siwrne** symud tuag yn ôl (Rhos) gw. **barwc** gw. ffig. 37
cildwrn	*eg*	(PD) gw. **arian ffas**
clo	*eg*	(Rhos), gw. **sbrag**
clust	*eb*	dolen a geid weithiau bob pen i'r ddram (Morg, Caerf)
clustog	*eg*	(Caerf), gw. **coler**
clynwr	*eg*	ll. **clynwrs;** un a oedd yn **calyn** (PD, Rhos), gw. **calyn, (h)alier**
clynwr bôn		un a fyddai'n canlyn o **basbyi** i'r **frest** yn hytrach nag o'r naill **basbyi** i'r llall
clynwr darn allan		un a fyddai'n canlyn o un **pasbyi** i'r llall, neu o **basbyi** at y fan lle byddai peiriant yn cydio yn y dramiau
clyrans	*eg*	*mofyn clyrans*—dymuno cael symud dramiau llawn o'r **talcen** (Caerf)
cnoco	*be*	gweithredid system o daro gwifren a redai o ben y pwll i'w waelod er rheoli symudiadau'r **carej;** byddai taro unwaith yn golygu *stopio,* taro ddwywaith *symud;* pe trewid y wifren deirgwaith, golygai fod dynion yn dod i fyny yn y **carej** (Morg, Caerf), gw. **taro**
coler	*eg*	rhoddid coler o ledr am wddf ceffyl o dan ddaear (Morg, Caerf), gw. **clustog, mwnci**
croper	*eg*	(G Morg), gw. **cefen lleter**

crwmp *eg* rhan ôl cefn ceffyl (Morg, Caerf)

cwbs *ell* cerbydau rheilffordd arbennig a gludai'r glowyr o'r orsaf leol i ben y gwaith. Roeddynt yn llai na cherbydau cyffredin ac yn ddi-gysur eu ffurf (D Morg)

cwplin *eg* cadwyn ac iddi dair ling a gysylltai wrth y **ddrobar** yn un pen ac wrth y **tsiaen gynffon** yn y pen arall (PD)

cwrbyn *eg* dram fechan iawn tua chwarter maint dram gyffredin a ddefnyddid i gludo glo o'r **twll cwrbyn** allan i'r talcen: gwthid y **cwrbyn** ar hyd rheilffordd fechan a oedd yn gulach nag arfer (Rhyd)

cwrcen *eb* dram a ddaliai tua thunnell o lo a oedd yn llai na'r ddram gyffredin (Cwmtrch)

cwt *eg* pen ôl, *cwt y ddram* (G Morg)

cymiyr!
cymiyr bac! gorchymyn i'r ceffyl droi i'r chwith (Morg, Caerf)

cyplu *be* cysylltu dramiau gweigion wrth ei gilydd, wedi iddynt ddod allan o'r gaets ar waelod y pwll, er mwyn eu gyrru i mewn i'r gwaith i'w llenwi (PD)

dogi *eg* (i) goruchwyliwr dros y **dreifars** a'r **pwtiwrs** (Rhos), gw. **dyn ffor, gaffer haliers**
(ii) y sawl a oedd yn gyfrifol am drwsio'r rheilffyrdd dan ddaear. Roedd hefyd yn bennaeth ar y **clynwrs** (PD), gw. **dyn ffor, gaffer haliers, (h)ewlwr**

doli grei *eb* dram ychydig yn llai na'r **bombi** (D Morg)

dram *eb* cerbyd a gludai'r glo o'r ffas i ben y gwaith. Defnyddid dramiau pren ers talwm ond cawsant eu disodli gan rai haearn yn y rhan fwyaf o weithfeydd glo (Morg, Caerf), gw. **twb, wagen**

dram ddrwg — dram â nam arni (Morg, Caerf)

dram dail — dram a gludai faw'r ceffylau o dan ddaear i ben y pwll (Morg, Caerf)

dram frwnt — dram â llawer o faw ynddi: nid oedd y glöwr i lenwi baw i ddram lo (Morg, Caerf)

dram fudr — dram â llawer o **slec** ynddi (Rhos)

dram garto — dram fechan gymharol isel a ddaliai tua naw cant o lo: fe'i defnyddid hi yn y talcen mewn gwythïen denau, a gwaith y crwt a weithiai yno fyddai gwthio, ar ei bedwar, y **ddram garto** drwy ddefnyddio'i dalcen, gan roi ei gap y tu ôl ymlaen â **thorch** y tu mewn iddo, rhwng y brethyn a'i dalcen, rhag iddo wneud niwed i'w ben (Trebth)

dram lân — dram lo heb faw ynddi (Morg, Caerf)

y lawn *eb* ll. **y llawnion;** dram lawn (Rhos)

dramiwr *eg* ei waith oedd gwthio dramiau gwag a llawn rhwng y **fflat** a'r **wyneb** mewn mannau nad oedd modd defnyddio ceffylau ynddynt (Rhos)

dramo *be* nid yr **halier** fyddai'n dosbarthu dramiau i'r glöwr pan weithid **topolion.** Yn hytrach gadawai'r **halier** ddramiau yn y **partin** a chesglid hwy gan y **dramwr** (bachgen ifanc fel arfer), a fyddai'n eu gwthio, un ar y tro, o'r **partin** i'r **hedin,** ac i'r **staj** ar waelod pob **topol.** Llanwai'r glo oedd yn y **staj** i ddram a'i gwthio yn ôl i'r **partin.** Ceid un dramwr ar gyfer rhyw bum **topol** (Morg, Caerf)

dramwr **tramwr**	*eg*	y sawl a fyddai'n **dramo** (Morg, Caerf)
dreifar	*eg*	gweithiai â cheffyl, a dynnai **siwrne** o ddramiau gwag a llawn yn ôl ac ymlaen ar hyd y briffordd rhwng **fflat** y **rhaffwr** a **fflat** y **pwtiwrs** (Rhos)
drobar	*eg*	bar haearn a redai o dan y **twb** ar draws ei ben blaen. Ceid bach bob pen iddo i'w gysylltu wrth y **cwplin** (PD)
dryll	*eb*	darn haearn hir a gysylltai'r **siafft** wrth y ddram. Gan amlaf safai'r **halier** ar y **ddryll** wrth dramwy dan ddaear (Morg, Caerf) gw. ffig. 38
dwblu	*be*	dyna a wnâi **halier** pan âi ag ail ddram at ambell löwr tra na châi un arall ond un ddram. Er mwyn sicrhau bod **halier** yn **dwblu,** byddai'n rhaid i'r glöwr roi cilbwt iddo ddiwedd yr wythnos(D Morg)
dwbwl hewl	*eb*	dwy reilffordd yn rhedeg ochr yn ochr (Llangenn), gw. **dwbwl râls**
dwbwl râls		(PD), gw. **dwbwl hewl**
dwráu	*be*	rhoi dŵr i anifail, *dwráu'r ceffyle* (Rhyd)
dyn ffor	*eg*	(Rhos), gw. **dogi, gaffer haliers**
dyn y slât	*eg*	y **dramwr** a ofalai am **gadw'r slât** (Llangenn)
elsen	*eb*	(Rhos), gw. **alsen**
ffetsiyn	*eg*	(Ystradgn), gw. **arian ffas, trwmpyn**
fflat	*eg*	(Rhos), gw. **partin**
ffor(dd)	*eb*	rheilffordd, *ma gen i dybia ar y ffor*—heb

		gyrraedd y lan, ac felly heb gael eu pwyso (PD), gw. **(h)ewl**
ffordd fachu		unrhyw ffordd dan ddaear y rhedai dramiau ar ei hyd (PD)
gaffer haliers	*eg*	y pen **halier:** ei waith oedd gofalu bod yr **haliers** eraill yn gwneud eu gwaith yn iawn (Morg, C: rf), gw. **dogi, dyn ffor**
gennu	*be*	**halio** o'r **fflat** neu'r **pasbyi** tuag allan; wagennu, deuai'r **llenwr** â'r ddram lawn o'r **wyneb** i'r **fflat** yn y **ffordd allan,** ac oddiyno byddai'r **gennwr** yn ei gwthio (h.y. ei **gennu**) i **basbyi** arall ymhellach allan, lle y cydiai'r ceffyl ynddi (PD, Tanyfr)
gennwr	*eg*	un a fyddai'n **gennu,** wagennwr (PD, Tanyfr)
gerio	*be*	rhoi offer ar geffyl (Rhos), gw. **gwisgo**
gers	*ell*	offer y ceffyl (Rhos), gw. **tac**
gwadan	*eb*	ll. **gwadne;** (Rhos), gw. **sliper**
gwisgo	*be*	(Morg, Caerf), gw. **gerio**
gwynt	*eg*	*wado'r ceffyl yn ei wynt*—yn ei frest (D Morg)
gyri	*eg*	darn o ledr tenau, tua hanner llath o hyd a chwarter modfedd o led, gyda hollt o ryw bedair modfedd yn ei blaen, a brynai'r **halier** gan y sadler, ac a ddefnyddid ganddo i brocio'i geffyl (Caerf)
(h)ala **(h)alio**	*be*	gwneud gwaith **halier,** gw. **calyn**
(h)alier	*eg*	un a weithiai â cheffyl dan ddaear: ei brif

waith oedd mynd â dramiau llawn o'r **talcennon** tuag allan, a dod â dramiau gwag i mewn yn eu lle (Morg, Caerf)

iaith halier — dywedid yn gyffredin am ddyn a regai fod ganddo *iaith halier* gan fod yr haliers, fel dosbarth, yn enwog am eu rhegfeydd soniarus (Morg)

(h)alier lein — yr halier a weithiai ar y briffordd o'r **partin dwbwl** i waelod y pwll (D Morg)

(h)ewl *eb* ll. **(h)ewlydd;** y ffordd y tramwyai dramiau drosti mewn talcen neu hedin (Morg, Caerf), gw. **ffor**
gw. ffig. 8

dram drws rewl — dram a ddisgynnai oddi ar yr **hewl** neu'r rheilffordd (Morg, Caerf)

(h)ewlwr *eg* gweithiwr a oedd yn gyfrifol am yr **(h)ewlydd** a'r priffyrdd, gan sicrhau yn bennaf eu bod yn ddiogel ac yn ddi-rwystr (Morg, Caerf), gw. **dogi**

(h)itsio *be* dosbarthu neu gasglu dram, *odd yr halier yn itsio fi wedyn* (Morg, Caerf)

(h)itsiwr *eg* fel rheol mewn ymadroddion

(h)itsiwr blân — y sawl a dderbyniai'r dramiau llawn i mewn i'r **carej** ar waelod y pwll (D Morg)

(h)itsiwr cwt — y sawl a dderbyniai'r dramiau gwag allan o'r **carej** ar waelod y pwll (D Morg)

hwciwr *eg* y sawl a wthiai'r dramiau llawn i'r **carej** i'w cludo i'r **bonc** (Rhos)

injin *eg* y peiriant a yrrai'r **carej,** a gludai ddynion a glo rhwng pen y gwaith a gwaelod y pwll (Morg, Caerf), *drifo'r injin*—dyna waith y dyn a ofalai amdano, gw. **soni**

jempars	*ell*	(D Morg), gw. **sgimars**
jig	*eg*	drwm bychan a weithiai'r rhaff a dynnai'r ceirt (D Morg)
jimo	*be*	camu'n anfwriadol, *reilen wedi jimo* (Dowl)
landio	*be*	cyrraedd gwaelod y pwll, *ma'r tybia wedi landio* (PD)
lando	*be*	*lando siwrne*—derbyn siwrne ar ben y pwll: dyna waith y **bancwr** (Morg, Caerf)
latsh	*eg*	dolen yn ymyl y rheilffordd a reolai gwrs y dramiau. O'i throi gellid newid cyfeiriad y ddram. O dan y **latsh** y rhoddid **trwmpyn** yr **halier** mewn rhai ardaloedd (Morg)
lori goed		(PD), gw. **bwgi**
llaesu	*be*	gollwng i lawr, *llaesu'r cariar i lawr* (Rhos)
llanw	*be*	fel rheol mewn ymadroddion
llanw glo		rhoi glo mewn dram (Morg, Caerf)
llanw'n frwnt		rhoi baw yn gymysg â glo mewn dram: câi'r glöwr ei gosbi am wneud hyn (Morg, Caerf)
llanw nôl		fel arfer, llenwid hyn a hyn o ddramiau'r dydd gan y glowyr: os methai glöwr â llanw digon ar unrhyw ddiwrnod, ceisiai lanw mwy nag arfer y diwrnod wedyn er mwyn gwneud i fyny am golled y diwrnod cynt (Cwmt)
lle paso	*eg*	lle yn ochr priffordd y gellid troi ceffyl iddo er mwyn gwneud lle i geffyl arall fynd heibio (D Morg)
manol	*eg*	math o dwll yn ochr y briffordd yr âi'r glowyr iddo pan fyddai siwrne yn mynd heibio (cyff)

mantas *eb* *efo'r fantas*—tuag i lawr (PD)
pâr o rêls yn rhedeg efo'r fantas

marco *be* *marco dram*—yr oedd gan bob glöwr ei rif, a rhoddid y rhif hwn mewn sialc ar ochr pob dram a lenwai, fel y gwyddai'r **pwyswr** pwy oedd piau hi (Morg, Caerf), gw. **sialco**

mâs o rails oddi ar y rheilffordd, *odd dwy ddram mâs o rails* (G Morg)

moelad *eg* (G Morg), gw. **moelyd**

moelfa *eb* (Caerf), gw. **moelyd**

moelyd *be* troi, dymchwel (Morg, Caerf), *moelyd dram; ar y moelyd*—oddi ar y rheilffordd (Trebth), gw. **mâs o rails**
lle moelyd—lle yn ymyl yr **hewl** a wneid gan weithwyr yr hedin, neu gan y glöwr yn ei dalcen ei hun, fel y gellid troi dram wag iddo er mwyn cael lle i ddram lawn fynd heibio, gw. **moelad, moelfa, tos, tosyn, twmlo**

mwnci *eg* y **coler** lledr a wisgai ceffyl dan ddaear (Morg)

netif *eb* dram fechan lai na'r cyffredin (Res)

omz *ell* cadwyni bychain a gysylltai flaen y **siafft** â choler y ceffyl ar y naill ochr a'r llall (Morg, Caerf), gw. ffig. 39

pâr *eg* fel rheol mewn ymadroddion

pâr o êls (Rhos), gw. **pâr o railz**

pâr o rails cyfeirid bob amser at **bâr o** *rails*
pâr dwy—dau ddarn o reilffordd dwy lath o hyd

		pâr tair—dau ddarn o reilffordd tua tair llathen o hyd, a oedd yn fesur cyffredin dan ddaear (Morg, Caerf)
pâr o râls		(PD) gw. **pâr o rails**
pâr tro		darn o reilffordd a roddid ar drofa yn yr **hewl** (Morg, Caerf), gw. **tro**
partin	*eg*	ll. **partynon, partïon;** rhan o reilffordd a arweiniai oddi ar y brif reilffordd er mwyn cadw dramiau gwag neu lawn arni: fel arfer cysylltai â'r brif reilffordd yn y naill ben a'r llall a chyfeirid ato fel **partin dwbwl** (Morg, Caerf), gw. **fflat, pasbyi, tyrn owt** gw. ffig. 40
partin newid		roedd iddo yr un diben â'r **lle moelyd.** Gosodid darn rheilffordd bychan oddi ar **hewl** y talcen fel y gellid rhoi dram wag yno tra tynnid y ddram lawn allan. Symudid y **partin newid** tuag i mewn fel yr âi'r talcen yn ei flaen (Morg)
partin pwll		**partin** llawer hirach na'r cyffredin a geid ar waelod pwll ac a ddaliai nifer fawr o ddramiau gwag neu lawn (Rhym)
partin byr, **partin talcen**		y darn rheilffordd a arweiniai o briffordd i geg talcen (Morg, Caerf)
pasbyi	*eg*	(PD), gw. **partin**
pegi	*eb*	dram a ddaliai tua phymtheg cant o lo, ac a wneid weithiau o bren (Res)
pen	*eg*	ll. **penna;** *rhoi penna ar dwb*—defnyddio cnapau bras a'u codi tua deuddeg modfedd uwchben lefel ymylon y **twb:** rhoddid **slec** yn y canol(PD)

pen	*eg*	*ffordd i'r pen*—ffordd yn rhedeg tuag i fyny (Rhos)
pin bach	*eg*	math o bin haearn trwchus tua dwy fodfedd o hyd a gysylltai'r **siafft** wrth y **ddryll** (Morg, Caerf)
pin dryll, pin mawr	*eg*	pin mwy na'r **pin bach** a gysylltai'r **ddryll** wrth y ddram (Morg, Caerf), gw. **dryll**
pisiyn tin	*eg*	darn o ledr a oedd yn llai na'r **cefen lleter** neu'r **croper** a orchuddiai ran isaf cefn yr **halier** ac a gyrhaeddai at fan ychydig yn is na'i ben ôl. Fel arfer cysylltid y darn hwn wrth y strapen a wisgai'r glöwr am ei ganol. Swyddogaeth y **pisiyn tin** oedd cynnal cefn yr halier pan fyddai'n ceisio codi dramiau yn ôl ar y rheilffordd wedi iddynt syrthio oddi arni (Morg, Caerf)
plât	*eg*	ei swyddogaeth oedd newid cyfeiriad dram, e.e. ei throi oddi ar **inclein** i mewn i'r hedin; roedd y plât yn grwn, ac yn rhydd i symud i ateb graddfa'r tro (G Morg)
pris llanw		tua 1920 câi dramwr dri swllt a naw ceiniog y dydd am fynd â dramiau cyn belled â chan llath ar hugain ar hyd yr hedin. Ped âi ymhellach na chwe ugain llath, câi geiniog am bob deg llath; gelwid hyn yn **bris llanw** (Llangenn) gw. **arian wai**
pwtiwr	*eg*	dyn ifanc fel arfer a weithiai gyda cheffyl i gludo dramiau gwag a llawn rhwng y **fflat** a'r **wyneb** (Rhos), gw. **(h)alier**
ralsan	*eb*	ll. **râls;** darn o reilffordd (PD), gw. **alsen**
raso	*be*	gosod cnapau glo yn drefnus uwchben ymylon y ddram fel y llwythid arni gymaint o lo ag a oedd yn bosibl (Morg, Caerf) gw. ffig. 41

rasyn *eg* y swm o lo a ddefnyddid i **raso** (Morg, Caerf)

ratlar *eb* dram oedd yn hirach ac yn gulach na'r cyffredin; yr oedd iddi ochrau o haearn, a gwnâi dipyn o sŵn wrth symud gan beri rhoi'r enw **ratlar** arni (Res)

reidar *eg* gweithiwr a eisteddai ar flaen siwrneion gwag a llawn ar eu taith o waelod y pwll i'r **partynon** ac yn ôl, gan ddatgysylltu'r dramiau neu eu rhoi wrth ei gilydd fel y byddai'r galw. Roedd yn waith peryglus a wneid gan ddynion heini (Morg, Caerf)

reilen *eb* ll. **rails;** (Morg, Caerf), gw. **alsen**

ring *eg* *faint o lo sy 'da ti yn y ring,* h.y. *sawl dram wyt ti wedi ei llenwi?* Cyfeiriai hyn at yr arfer oedd gan lowyr o nodi mewn sialc ar ochr pob dram pa sawl dram a lenwid ganddynt y diwrnod hwnnw, gan roi cylch am y rhif (G Morg)

rwffo *be* (Morg, Caerf), gw. **rwffio**

rwffio *be* byddai cefnau'r ceffylau yn aml yn crafu yn erbyn y top, oblegid diffyg uchder dan ddaear (PD)

ryn *eb* *ryn lawn, ryn wag*—yr oedd dwy reilffordd yn y **llygad** fel arfer, y naill ar gyfer dramiau llawn a'r llall ar gyfer dramiau gwag (Rhos)

rhaff *eb* defnyddid rhaff a wneid o wifrau ac a weithid â pheiriant i dynnu **siwrne** o ddramiau dan ddaear. Rhaffau hefyd fyddai'n codi a gostwng y **carej** mewn pwll (cyff); *claddu pen y rhaff*—dyna a wneid wrth uno dwy raff (Llangenn)

rhaffwr *eg* teithiai ar flaen **siwrne** wag o'r **llygad** i mewn i **fflat** y **dreifar** gan ddatgysylltu'r dramiau gwag ar ôl cyrraedd. Rhoddai'r dramiau llawn wrth ei gilydd, a dychwelyd i'r **llygad** (Rhos), gw. **reidar**

rhaffied *eb* *y rhaffied gynta*—y nifer gyntaf a gludai'r **cariar** i waelod y pwll ben bore: âi i lawr tua phump o'r gloch
y rhaffied olaf—y nifer olaf a âi i lawr yn y bore cyn byddai'r gwaith yn dechrau am chwech o'r gloch (Rhos)

rhannu'r tro y gwaith o sicrhau bod y dramiau yn cael eu dosbarthu, yn ôl y drefn iawn, i'r glowyr dan ddaear; **halier** neu **ddramwr** fyddai'n gwneud hyn fel arfer, a châi gan amlaf tua gwerth un **tyrn** o gyflog am gymryd y cyfrifoldeb hwn (Morg, Caerf) gw. **cadw'r tro, rhannu'r troad**

rhannu'r troad (Trebth), gw. **cadw'r tro, rhannu'r tro**

sbâc
sbêc *eg* **siwrne** o gerbydau agored ac ynddynt seddau i ddal tua deg person ymhob cerbyd; cludai'r glowyr o geg **drifft** i'w waelod ar ddechrau pob **tyrn,** ac yn ôl i ben y gwaith ar ôl iddynt orffen eu gwaith am y dydd (Morg, Caerf), gw. **bryidl**

sbrag *eg* darn o bren trwchus tua thair troedfedd o hyd a wthid gan **halier** i olwyn dram lawn i'w rhwystro rhag symud ohoni ei hun (Morg, Caerf), gw. **clo, sgotsian**

sgimars *ell* darn bychan o reilffordd a roddid i groesi rheilffordd arall: defnyddid hwn fel arfer pan fyddid yn cysylltu dau dalcen a oedd yn wynebu ei gilydd (D Morg) gw. **jempars**

sgotsian *eb* ll. **sgotsis;** darn o haearn a ddefnyddid i gloi olwynion **tybia** (PD), gw. **sbrag**

sgrafell *eb* math o gribyn llaw danheddog a ddefnyddid i lanhau'r ceffylau (Onll)

sgrinar *eb* dram a ddaliai tua thunnell o bwysau; roedd iddi fariau haearn ar hyd ei hochrau yn hytrach nag ochrau solet (D Morg)

shéf
shîf *eb* y peiriant a dynnai'r rhaff a godai'r **carej** mewn pwll (Morg, Caerf)

shifo *be* *ma'r bancwr wedi shifo*—wedi methu ag atal y **carej** mewn pryd pan gyrhaeddai ben y pwll (Rhondd)

si! gorchymyn **halier** i geffyl pan ddymunai iddo droi i'r dde
si bac! (Morg, Caerf)

siafft *eb* rhoddid y ceffyl rhwng dwy **siafft,** a gysylltai yn y pen ôl â'r **ddryll** fel arfer; defnyddid weithiau, mewn lle gwastad, **siafft tsiaens,** sef camren a chadwyni (Morg, Caerf), gw. ffig. 42

siaffto *be* byddai ceffyl yn **siaffto** wrth ddal dram lawn yn ôl, ar lechwedd, drwy adael i'r **siafft** gymryd pwysau'r ddram (Morg, Caerf)

siagen *eb* ll. **siagz;** rhofied o lo a deflid rywsut rywsut, yn hytrach na'i **raso**'n drefnus, ar ben y ddram (G Morg), gw. **topo**

sialco *be* *sialco'r ddram* (Morg, Caerf), gw. **marco**

siâr *eg* dosbarthiad dramiau, *mae o 'run siâr â ni*—mae o'n cael yr un faint o ddramiau â ni (Rhos)

simo *be* rhoi saim, *simo'r ddram* (G Morg, Caerf)

simwr *eg* gweithiwr ar ben y gwaith a oedd yn gyfrifol am roi saim ar olwynion dramiau:

		gwaith i grwt neu i hen ŵr ydoedd fel arfer (Morg, Caerf)
siwrna	*eb*	ll. **siwrnáu;** (PD), gw. **siwrne**
siwrne	*eb*	ll. **siwrnïon, siwrnïe:** nifer o ddramiau wedi eu cysylltu y naill wrth y llall er mwyn eu symud gyda'i gilydd, *siwrne lawn*—**siwrne** o ddramiau yn llawn o lo *siwrne wag*—**siwrne** o ddramiau gwag (Morg, Caerf, Rhos) gw. **siwrna, trip, tro**
sliper	*eg*	ll. **slipers;** darn o bren trwchus a roddid bob rhyw lathen o dan y rheilffordd, S. *sleeper* (Morg, Caerf), gw. **gwadan**
slipero	*be*	gosod **sliper** (G Morg)
soni	*eb*	y peiriant ar ben y gwaith a fyddai'n codi ac yn gostwng y **cariar** (Rhos)
stâl	*eg*	lle i geffyl mewn stabal, S. *stall* (Caerf)
stent	*eg*	darn o bren a roddid tu ôl i'r ceffyl, ac a gynhaliai ddwy gadwyn a ddeuai o'r **mwnci** i'r ling a'u cysylltai â'r **tsiaen gwnffon** (PD), gw. **camren**
sythu	*be*	*sythu'r dramie*—unioni trefn dosbarthiad y dramiau pe byddai rhywun neu rywrai wedi cael mwy nag eraill (Rhos)
tac	*ell*	offer ceffyl (Morg, Caerf), gw. **gers, tacle**
tacle	*ell*	(G Morg), gw. **tac**
tag	*eg*	math o gadwyn fer a geid bob ochr i'r ceffyl ac a gysylltai ben blaen y **siafft** â'r **mwnci** (Morg)
talcen	*eg*	pen blaen, *talcen y ddram* (Llangenn)

tali *eg* ll. **talis;** darn metel yn dwyn rhif y glöwr a gysylltai wrth bob dram a lenwai fel y gwyddai'r **pwyswr** pwy oedd ei pherchennog (Rhos)

tapo *be* **tapo twlle** yn y ddram—llenwi'r gwagleoedd rhwng y cnapau glo a lwythwyd i'r ddram â glo llai ei faint (Morg)

taro *be* (Rhos), gw. **cnoco**

tendo *be* **tendo llefydd**—disgrifiad o ran o waith yr **halier,** sef dosbarthu dramiau i dalcennon glowyr (Morg, Caerf)

topo *be* (Cwmaf), gw. **siagen**

tos, tosyn *eg* (Caerf), gw. **moelyd**

trec *eg* tryc, *trec o lo* (Cwmtrch)

trio dram nid oedd hawl gan unrhyw löwr i gynnwys mwy na 5% o **slec** mewn dram, a phwysid y dramiau ar y **banc:** pe daliai dram fwy na 5% o **slec** (pe byddai'n *drwm* ar **slec**) tynnid hyn a hyn o bwysi o gyfanswm wythnosol y glöwr hwnnw: ar ôl **trio** dram glöwr, a chael ei bod hi wedi **dod i fyny'n ysgafn** (h.y. nad oedd ynddi ormod o **slec**), ni fyddid yn **trio** dramiau'r glöwr hwnnw eilwaith yr wythnos honno(Rhos)

trip *eg* (Caerf), gw. **siwrne**

tro *eg* (i) (Pontyber), gw. **siwrne**
(ii) **doti tro lawr** (Trebth), gw. **pâr tro**
(iii) trefn dosbarthiad dramiau dan ddaear: byddai pob talcen yn derbyn dram yn ei dro gan yr **halier.** Ar ôl iddo ddosbarthu un i bob talcen, dechreuai ar y gylched nesaf, ac felly ymlaen. Fel rheol

gweithiai dau golier ymhob talcen, ond yn gyffredin iawn deuai crwt ifanc i weithio atynt a chan hynny medrent hawlio dram ychwanegol gan yr **halier** bob tro y dosbarthai ddram iddynt (Morg, Caerf), *beth yw dy dro di wedi bod 'eddi?*—sawl gwaith wyt ti wedi derbyn dram? *mae e'n fwy o dro na ni*—mae ef yn cael mwy o ddramiau na ni, *mae e wedi llanw'i ddro*—mae ef wedi cael cymaint o ddramiau ag sydd yn ddyledus iddo, *wy 'di ffili dala'r tro*—rwyf wedi methu â llanw'r ddram ddiwethaf a gefais mewn pryd i ddal y dosbarthiad nesaf, *ma'r halier wedi mynd o flaen y tro*—mae rhyw dalcen wedi cael dram gan yr **halier** o flaen ei amser, *ma'r tro arnot ti*—y ti sydd i dderbyn y ddram nesaf, *mae e wedi cael dram o'i dro*—mae ef wedi cael dram allan o drefn,
gw. **cêl, rhannu'r tro**
(iv) **tro byr, tro hir**—y naill ochr a'r llall i **bâr tro** (Morg), **tro latshiz**—tro ar y rheilffordd lle yr ymrannai yn ddwy ffordd ar wahân (G Morg)
(v) troad (Morg, Caerf), *odd tro yn yr ewl; neud tro byr,* S. *cutting a corner* (Res)

tro un — y dosbarthiad cyntaf o ddramiau ar ddiwrnod arbennig (Morg, Caerf)

tro una — (Merth), gw. **tro un**

tro dwy — yr ail gylched o ddosbarthu dramiau, *pwy dro yw i arnot ti?—tro dwy, 'chan* (Morg, Caerf)

tro dwya — (Merth), gw. **tro dwy**

tro dwbwl — dosbarthiad o ddwy ddram ar y tro (Morg, Caerf)

tro shingel — dosbarthiad o un ddram ar y tro (Morg, Caerf)

tro bach		*dram tro bach*—y ddram a geid am grwt a weithiai yn y talcen (Caerf)
tro pas		yr oedd yn **dro pas** ar löwr pan na fyddai dram yn ddyledus iddo ar gylched arbennig (Morg, Caerf)
trofa	*eb*	ll. **trofeydd;** wagen yn llawn o lo (Tanyfr)
troi	*be*	fel rheol mewn ymadroddion
troi mâs		*dram yn cael ei throi mâs*—dram na fyddid yn cyfrif pwysau ei chynnwys gan fod ynddi ormod o lo mân neu **slec** (Morg)
troi rhaff		yr enw ar y gwaith a wneid gan grwt ifanc pan fyddai'n cydio yn y **tybia** wedi iddynt adael tiriogaeth y **clynwrs** a'u cyplu ar y **jig** a fyddai'n eu gyrru ymlaen tua gwaelod y pwll (PD)
trolio	*be*	helpu'r sawl a drwsiai'r rheilffyrdd: gwaith i grwt ydoedd fel arfer (Rhos)
trwmpyn	*eg*	ll. **trwmps;** math o gilbwt a gâi'r halier gan y glöwr bob wythnos, yn dâl am gymwynas a wnaethai, e.e. helpu'r glöwr i godi dram yn ôl ar y rheilffordd, dod â physt i mewn i'w dalcen; câi tua swllt fel arfer, ond weithiau byddai talu am beint neu ddau o gwrw iddo yn y dafarn yn gweithredu fel **trwmpyn.** Rhoddid y **trwmpyn** yn nwylo'r **halier** weithiau: dro arall gadewid yr arian mewn rhyw le cudd, e.e. ar **hitsiyn plêt** neu byffyr y ddram (rhaid oedd gofalu bod *yr hitsiyn plêt yn shino* ar gyfer yr **halier**), neu o dan bwyntiau'r rheilffordd, ond gwyddai'r **halier** i'r dim pa le i chwilio amdano! Gwae fyddai i'r colier na adawsai **drwmpyn** ar ei gyfer! (Morg, Caerf), gw. **arian ffas, cildwrn, ffetsiyn**

trwmpo	*be*	rhoi **trwmpyn** (Morg, Caerf)
tsiaen gwnffon	*eb*	tsiaen a redai o dresi'r ceffyl i'r **cwplin** (PD)
twb	*egb*	ll. **tybia, tybie;** dram *twb ddrwg*—dram ac arni nam (e.e. olwynion cam) (PD, Rhos) gw. **dram**
twmlo	*be*	dymchwel, troi *twmlo dram, lle twmlo* (Morg, Caerf) gw. **moelyd**
tymblo	*be*	dymchwel, troi, *tymblo twb* (PD)
tynn		ar dynn—heb lacio, *cadw cyplins y siwrna ar dynn* (PD)
tyrn owt	*eg*	(Rhos), gw. **partin**
wagen	*eb*	ll. **genni;** (Tanyfr), gw. **dram**
woblo	*be*	dileu'r rhifau a roddasai'r glowyr mewn sialc ar eu dramiau wrth eu llenwi: gwneid hyn gan grwt ifanc neu hen ddyn ar ben y gwaith wedi i'r dramiau gael eu gwagio, gan ddefnyddio dŵr a chlwt wedi ei rwymo am ddarn o bren (Llangenn)
whistrell	*eb*	math o silindr bychan ac iddo flaen main a ddefnyddid weithiau gan y **simwr** i saethu saim i olwynion y dramiau (Caerf)

12 Dillad

bocs dillad gwaith	*eg*	blwch mawr a gedwid fel arfer yn y gegin ac a ddaliai ddillad gwaith y glöwr (Morg)
boiancs	*ell*	(PD) gw. **iorcen**
bowler	*eg*	byddai rhai o'r hen lowyr yn gwisgo het bowler i'r gwaith bob dydd. Gwisgent gap arall tra wrth eu gwaith (Morg, Caerf)
cadair waith	*eb*	gan fod dillad y glöwr mor frwnt pan ddychwelai o'r pwll eisteddai weithiau, ar ôl cyrraedd gartref, mewn cadair arbennig (un bren fel arfer) y cyfeirid ati fel **cadair waith** (Morg)
cap	*eg*	gwisgai pob gweithiwr gap tra wrth ei waith: ers talwm mewn rhai mannau, gwisgai'r glöwr gap â phig iddo wrth deithio rhwng y tŷ a'r gwaith, a chap o **ddyc** gwyn neu o gynfas nad oedd iddo big tra byddai wrth ei waith: cedwid y capiau hyn yn y gwaith a'u dwyn adref i'w golchi ddiwedd yr wythnos. Yn ddiweddarach aeth y glöwr i wisgo cap â phig ar hyd yr amser, a'i droi y tu ôl ymlaen yn aml, rhag i'r pig ei rwystro rhag gweld tuag i fyny (cyff)

carre *eg* ll. **carïon;** llinyn pwrpasol i gau esgid, S. *shoelace* (Morg, Caerf), gw. **poltis**

caso *be* rhoi darn o **ddyc** dros ran uchaf coes trowsus gwaith y glöwr, o'r canol hyd at ychydig yn uwch na'r ben-glin: byddid yn ei wnïo yn y pen uchaf, ond gadewid y pen isaf yn rhydd: pwrpas hyn oll oedd arbed y trowsus rhag treulio yn gyflym (Dowl)

clocs *ell* gwisgai rhai gweithwyr glocs dan ddaear yn y Rhos ac yn y Parlwr Du: byddai'r **pwtiwrs,** yn enwedig, yn eu cael yn ddefnyddiol iawn gan y defnyddient eu traed i dywys olwynion dram ar hyd **trofa:** ceid sawl gwneuthurwr clocsiau yn y Rhos ddechrau'r ganrif (Rhos, PD). Yn y Parlwr Du byddai'r **hediwr** yn hoff o wisgo clocsiau gan yr eisteddai gan amlaf ar ei sodlau tra byddai'n **hedio,** a gwnâi'r clocsiau sedd gadarn iddo. Er bod gwneuthurwyr clocsiau yn y cylch, cadwai rhai gweithwyr dopiau esgidiau cyffredin, a phrynu gwadnau pren i'w rhoi odanynt eu hunain

clos *ell* trowsus
fel arfer **clos ffustion** neu **glos rhesog** a wisgai'r glöwr: yn aml, oblegid gwres, gwisgid clos byr wedi eu gwneud o gotwm (Rhos)

copish tarw
copish buwch *eg* balog trowsus a agorai tuag allan yn hytrach na thuag i lawr: dyna a geid ar drowsus glöwr ers talwm (Morg)

copyn *eg* pig (cap)
copyn y cap (Morg), gw. **pêg**

cordyn *eg* ll. **cordynnon;** (Morg), gw. **iorcs**

cot *eb* fel rheol mewn ymadroddion

cot fach		cot a gyrhaeddai ychydig yn is na'r canol (Morg, Caerf), gw. **cŵat**
cot fawr		gwisgai'r glöwr got fawr i fynd i'w waith yn y gaeaf fel arfer(Morg, Caerf)
cot ucha		pan ddechreuodd y to ieuengaf yn ardal y Rhos wisgo cotiau mawr i fynd i'r gwaith tua dechrau'r ganrif hon credai'r *hen lawiau* eu bod yn drwyn uchel (Rhos)
crafet	*eb*	(Caerf), gw. **sgarff**
crys	*eg*	crys gwlanen a wisgai'r glöwr i'w waith fel arfer (cyff)
crys mawr		gwisgai rhai glowyr grys a gyrhaeddai at y pennau gliniau, yn enwedig mewn tywydd oer (Morg, Caerf)
cŵat	*eb*	cot fach (Rhos) gwisgai rhai gweithwyr (e.e. y **pwtiwrs**) got tra wrth eu gwaith gan eu bod yn mynd allan i'r oerni yn gyson gw. **cot fach, siecad**
dillad	*ell*	roedd gan lowyr dri math o ddillad fel arfer (i) **dillad gwaith**—a wisgid i'r gwaith (ii) **dillad dwetydd, dlllad prynhawne**—a wisgid o gylch y tŷ a thu allan yn ystod yr wythnos (iii) **dillad parch, dillad gore**—dillad a wisgid i fynd i'r capel neu i fynd i wasanaeth arbennig (Morg, Caerf)
drafers **drofars**	*ell*	trowsus isa hir a wneid o wlanen *drafers plod*—dräfers gwlanen ac iddynt batrwm rhesog (Morg, Caerf), gw. **drôns**
drôns	*ell*	(Rhos), gw. **drafers**

dyc *eg* defnydd gwydn lliain sy'n ysgafnach na chotwm: defnyddid ef i wneud dillad glowyr—yn enwedig y trowsus (Morg, Caerf)

gwisgo *be* mewn rhai cartrefi, lle roedd sawl mab yn gweithio'n y lofa, gosodid y dillad gwaith mewn trefn arbennig ar gefn cadair o flaen y tân dros y nos. Dillad y mab hynaf a roddid ddiwethaf, fel mai ef a gâi'r lleiaf trafferth i wisgo yn y bore (Morg)

iorcen *eb* ll. **iorcs;** math o linyn a wneid gan amlaf o ledr, a glymid am y trowsus gwaith o dan y pen-glin er mwyn
(i) cadw llwch rhag codi i fyny'r coesau a disgyn yn y man i'r esgid
(ii) cadw'r trowsus yn dynn am y goes rhag iddo gydio yn rhywbeth tra byddai'r glöwr wrth ei waith. Er hynny byddai rhai o'r hen *adar* yn honni mai pwrpas yr iorcs oedd *cadw'r llwch o'r llygad.* Fel arfer prynid hwy oddi wrth y crydd am geiniog neu ddwy (Morg, Caerf)
iorcs gwilod—iorcs a roddid am waelod y goes, gw. **boiancs**

molsgin *eg* deunydd gwydn o ffwstian cotwm a ddefnyddid yn aml i wneud dillad glöwr (Morg, Caerf)

mwffler *eg* (Morg, Caerf), gw. **sgarff**

pad *eg* ll. **pads, padie;** prynai fechgyn ifainc a oedd newydd ddechrau **carto** neu lenwi'r **bocs cwrlo** badiau lledr a glymid am eu pennau gliniau rhag iddynt ddioddef wrth benlinio ar y tir caled: ceid y padiau gan y sadler lleol (Morg, Caerf, Rhos)

pêg *eg* yn aml gwisgid cap heb **bêg** neu droi'r cap am yn ôl rhag i'r **pêg** rwystro'r **colier** rhag gweld tra wrth ei waith yn y ffas (PD), gw. **copyn**

pisiyn penlin	*eg*	darn o frethyn y byddid yn ei wnïo ar drowsus **colier** ar y man a fyddai'n treulio wrth iddo benlinio (Coel)
pisiyn tin	*eg*	darn o ledr a oedd yn rhan o wisg yr **halier;** cysylltid ef wrth y strapen a wisgai'r **halier** am ei ganol, a chyrhaeddai ychydig yn is na'i ben ôl (Morg, Caerf)
poced potsiar	*eb*	poced arbennig o fawr y tu mewn i got y glöwr a ddaliai dun bwyd neu botel (Rhos, Caerf)
poltis	*eg*	ll. **poltison;** carrai 'sgidiau wedi eu gwneud o ledr (G Morg)
sâm cig gwedder **sâm gŵydd**	*eg*	defnydd saim cig gwedder neu saim gŵydd i iro **'sgidie gwaith** y **colier** tuag unwaith yr wythnos (Caerf)
sane hir	*ell*	(PD) gw. **sane mawr**
sane mawr	*ell*	sanau a wisgai'r glöwr wrth ei waith a thu allan i'r gwaith: cyrhaeddent ychydig yn uwch na'r pen-glin (Morg, Caerf) gw. **sane hir**
sgarff	*eb*	roedd yn arferiad i wisgo **sgarff** am y gwddf wrth deithio rhwng y cartref a'r gwaith. Yn aml, byddai pawb mewn ardal arbennig yn gwisgo sgarff o'r un lliw (Morg), gw. **crafet, mwffler**
sgitshe gwaith **sgidie gwaith**	*ell*	ceid pâr o sgidie gwaith gan y crydd neu prynid hwynt mewn siop: yna eid at y gof gwlad i roi pedolau a hoelion arnynt (Morg, Caerf)
siacad flancad	*eb*	(D Morg) gw. **wasgod flancad**
siecad	*eb*	cot fach—ceid poced fawr y tu mewn i'r **siecad** ar y naill ochr a'r llall. Rhoddid y **botel dun** a'r **tun snapyn** ynddynt (PD)

simo *be* rhoi ired ar 'sgidiau gwaith—gweithred a gyflawnid tuag unwaith yr wythnos gan amlaf: weithiau defnyddid olew pwrpasol at y gwaith, a thro arall defnyddid saim cig gwedder, saim gŵydd neu floneg mochyn (Morg, Caerf)

singlet *eb* crys isaf heb lewys (Morg); yn aml eid â **singlet** ychwanegol i'r gwaith a'i newid hi, cyn dod adre, am yr un a wisgwyd tra wrth y gwaith, a oedd, fel arfer, yn wlyb gan chwys, gw. **syrcin**

siwt *eb* yn y Rhos roedd gan y glöwr dri math o siwt fel arfer: (1) siwt waith, (ii) siwt bnawn, a (iii) siwt Sul, gw. **dillad.** Yn ardal Tan-y-fron (Wrecsam) câi'r **ffyiarman** siwt at ei waith gan y cwmni, sef **clos** ffustion a chot frethyn. Mewn ambell gymdeithas lofaol (e.e. Cwmtwrch) yr oedd yn arferiad i gael dwy siwt orau ers talwm, sef y **siwt pen pythewnos,** a'r **siwt gymundeb.** Cyfatebai'r ddwy siwt i ddau Sul pwysig yn y mis, sef *dydd Sul pen pythewnos,* a *dydd Sul Cymundeb* (neu *ddydd Sul Pen Mis).* Dau gasgliad a wneid yn y capel yn ystod y mis; casgliad at gynnal y capel, a wneid ar y dydd Sul pen pythewnos, a chasgliad ar gyfer y gweinidog a wneid ar y dydd Sul Pen Mis/dydd Sul Cymundeb. Yr ail Sul oedd y pwysicaf, a hwn oedd y Sul a deilyngai wisgo'r siwt orau oll. Mewn amser, diflannodd yr arferiad hwn ond parhaodd yr arferiad o gael dwy siwt orau, sef un i'w gwisgo ar y Sul, a'r llall ar gyfer achlysuron arbennig (e.e. Cymanfa neu Gyfarfod Pregethu) a gyfeirid ati fel **siwt goffin.** Gan amlaf prynid siwt newydd ar gyfer y Pasg, pryd y cynhelid y Gymanfa

siwt goffin weithiau byddid yn gwahaniaethu rhwng y *siwt ore* a'r **siwt goffin.** Gwisgid y naill yn gyffredin ar y Sul, tra cedwid y llall ar gyfer achlysuron arbennig, e.e. Cymanfa, Cyfarfod Pregethu, neu angladd bwysig (Cwmtrch)

siwt molsgin — roedd yn arferiad gan fechgyn ifainc a ddechreuai ar eu gwaith yn y pwll fynd at y teiliwr lleol i fesur am got folsgin, trowsus molsgin, a gwasgod folsgin ac iddi lewys hir. Ni wisgid y got a'r wasgod tra wrth y gwaith, ond gwisgid y wasgod weithiau, wrth gael seibiant, rhag cael annwyd ar ôl chwysu (Morg)

strapen wddwg *eb* — gwisgid strapen ledr, megis coler ci, am y gwddf gan rai glowyr fel y gallent hongian lamp wrthi, yn hytrach na'i dal yn y dwylo pan fyddent wrth eu gwaith; defnyddid **iorcen** at y pwrpas hwn yn aml (Morg, Caerf)

syrcin *eb* — (PD) gw. **singlet**

torch *eb* — gwisgai fechgyn ifainc gerpyn wedi ei blygu'n drwchus ar y talcen y tu mewn i'r cap pan fyddent yn gorfod gwthio dram â'u talcen (Trebth)

trowsus
trywsus
trwser *eg* — gwneid trywsus y glöwr o **ddyc** neu **folsgin:** roedd y ddau yn ddefnyddiau gweddol gynnes nad oeddynt yn treulio'n gyflym (Morg, Caerf)

trwser bach — trowsus byr hyd at y pennau gliniau a wisgid gan lowyr a oedd yn gweithio mewn llefydd cynnes(G Morg)

trowsus ffwstan — trowsus o ryw fath o gotwm trwchus a wisgai'r glowyr lleol (Gw-y-Garth)

trywsus llian — trywsus gwyn rhesog (PD)

tsiern *eg* defnydd brown cadarn, tebyg i gotwm: prynid tua llathen ar y tro i wneud pocedi yn siwt waith y glöwr (Rhos)

wasgod *eb* cot isa, heb lewys fel arfer (cyff)

wasgod flanced gwasgod wedi ei gwneud o frethyn tebyg i'r brethyn a ddefnyddid i wneud blancedi (D Morg), gw. **siacad flancad**

wasgod llewisie gwasgod ac iddi lewys hir, ac a wisgid gan:
(i) swyddogion yn gyffredinol gan eu bod yn symud yn gyson o le i le mewn tymheredd cyfnewidiol
(ii) **haliers**
(iii) fechgyn ifainc a oedd newydd ddechrau gweithio dan ddaear

wasgod wlanen math o grys isa a wneid o wlanen (Rhos)

13 Cyflog a threfn y gweithio

amser bwyd — pan oedd raid i'r glöwr weithio **tyrn** o ddeg awr, byddai'n stopio am fwyd ddwy waith—tua 11 a.m. ac 1 p.m.: yn ddiweddarach gyda dyfodiad diwrnod gwaith o wyth awr, cymerai fwyd tua hanner ffordd drwy'r **tyrn** (Morg, Caerf), gw. **amser byta, amser snapyn**

amser byta — (Rhos), gw. **amser bwyd**

amsar snapyn — (PD), gw. **amser bwyd**

ar dasg
ar dâsg — S. *piece work,* yn derbyn tâl yn ôl yr hyn o waith a gyflawnwyd o fewn hyn a hyn o amser (G Morg, PD), gw. **tyrn**

ar gontract — (Morg), gw. **ar hur**

ar hur — yn derbyn tâl penodedig wrth y dydd (Morg), gw. **gwaith fesul dydd**

ar i law i (h)unan — (Morg), gw. **gwitho'n shingel**

ar y con — (Morg, Caerf), gw. **arian con**

ar y dunnell lo
ar y dunnell myc — yn derbyn tâl yn ôl y nifer o dunellau o lo neu o fyc y byddid yn eu llenwi (Morg, Caerf)

ar y job (G Morg), gw. **tyrn**

ar y llath yn derbyn tâl yn ôl pa mor bell y byddid yn bwrw mewn i'r glo neu'r tir (Morg)

ar y manji (D Morg), gw. **arian con**

ar y tyrn gw. **tyrn**

arian *eg* pres (Morg, Caerf)

arian con isafswm a delid gan y cwmni yn gyflog i löwr a weithiai mewn man a oedd mor ddrwg fel na fedrai dorri digon o lo i ennill mwy na'r isafswm hwn (Morg, Caerf) gw. **ar y con, ar y manji**

arian dŵr mewn rhai gweithfeydd telid swllt neu ddau yr wythnos yn ychwanegol i lowyr a weithiai'n gyson mewn dŵr (D Morg) gw. **pres dŵr**

arian un dŵr y taliad safonol am weithio mewn dŵr (Pontardd)

arian dŵr dwbwl taliad dwbl am weithio mewn man lle ceid tua dwywaith gymaint o ddŵr ag a oedd yn arferol (Pontardd)

arian ffas cilbwt a gâi'r **halier** gan **ddramwr,** wrth weithio system y **topolion** am ddod â dramiau o'r **partin** i enau'r hedin y gweithiai'r **dramwr** ohoni (G Morg, Caerf)

arian (h)ur tâl penodedig wrth y dydd (Morg, Caerf)

arian poced byddai'r dynion gorau bob amser yn rhoi rhyw chwe cheiniog yn ychwanegol i'r cyflog yn arian poced i'r bechgyn ifainc a weithiai iddynt (cyff)

arian wai (Bon) gw. **prish llanw**

bili 'fair play' — peiriant a ddefnyddid ar y **sgrins** i bwyso'r glo mân a lenwid i ddram: tynnid y pwysau hyn o gyfanswm pwysau'r glo yn y ddram gan na châi'r glöwr dâl amdano fel arfer (Morg, Caerf)

cadw tro — y drefn o roi enwau'r **coliers** nad oedd ganddynt le i weithio ynddo ar restr arbennig. Pan ddeuai lle, y sawl oedd ar ben y rhestr, h.y. yr un a fu hwyaf heb le, fyddai'n cael mynd iddo (Caerf)

carden ddro — tua dechrau'r ganrif, mewn rhai gweithfeydd, ni châi **colier** weld sawl tunnell o lo a lanwyd ganddo yn ystod yr wythnos a aethai heibio. Yr oedd ganddo gerdyn ac arno ei enw a'i rif ac o'i gyflwyno i'r swyddfa ar ben y gwaith ar ddiwrnod pai, derbyniai ei gyflog (D Morg)

clarc mesur
clarc gwaith marw — bachgen ifanc, fel arfer, a ddeuai o gwmpas y gwaith yng nghwmni'r **ofyrman** tua diwedd pob wythnos. Ei waith oedd cofnodi cyfanswm y **lŵans** a roddid i bob gweithiwr yn y **llyfr mesur** fel y gellid ei gynnwys yn y cyflog (D Morg)

codiad *eg* (Caerf, Rhos, PD), gw. **cwnnad**

codied *eg* *codied glo*—yr hyn o lo a godwyd o waelod y pwll i'r wyneb
rodd y codied glo yn fychan ar brydie (Rhos)

cost tsiec — yr hyn (ychydig o geiniogau yr wythnos fel arfer) a dynnid o gyflog pob colier i dalu cyflog y **tsiecweman** (Rhos)

croesi *be* rhagflaenu neu ddilyn gweithiwr arall ar **shifft** wahanol yn yr un fan (Morg, Caerf) gw. **gwitho'n gros, newid**

cropins	*ell*	yr hyn a dynnai'r cwmni o gyfanswm pwysau'r glo a lanwyd gan löwr ddiwedd yr wythnos, *dwy ddram o gropins* (e.e. am lô mân a lanwyd ganddo) (Morg, Caerf)
cwnnad	*eg*	ll. **cwnate** (i) codiad mewn cyflog (Morg), gw. **codiad** (ii) S. *percentage,* mewn rhai gweithfeydd glo câi'r glowyr hyn a hyn y dunnell am y glo a dorrwyd ganddynt, a hefyd gyfran o werth yr holl lo a godwyd o'r gwaith yr wythnos honno, sef cyfran o'r **cwnnad** (Morg)
cwstwm	*eg*	*talu cwstwm*—talu yn ôl yr arfer ynglŷn â rhyw fater yn ymwneud â thâl (e.e. lwfans am dorri gwaelod, am osod coed, ac ati) (Caerf)
cyflog	*eg*	(Rhos, PD), gw. **pai**
cyfri		*Sadwrn cyfri,* gw. **Sadwrn**
cywnts	*ell*	cyfrifon (Morg, Caerf), *cwnnu'r cywnts*—nodi materion ariannol yn ymwneud â thâl: gwaith i glerc ydoedd fel arfer
chware	*be*	cau, heb fod yn gweithio, *dydd Llun chware*—y Llun a ddilynai **Sadwrn Cyfri,** pryd y byddai'r pyllau yn cau fel arfer
chware'n sâl		adref o'i waith oherwydd salwch (Rhos)
dan drwch		byddai glöwr a weithiai lle y rhedai'r wythïen yn fwy tenau nag arfer yn dweud ei fod **dan drwch** ac yn aml câi hyn a hyn o arian y fodfedd yn iawndâl am hyn (Morg)
detlar	*eg*	dyn a dderbyniai gyflog sefydlog fesul wythnos (Rhos) gw. *dyn cwmni, dyn cwmpni*
diwrnod	*eg*	fel rheol mewn ymadroddion

diwrnod bwcio (Rhos), gw. **diwrnod mesur**

diwrnod mesur y diwrnod y deuai swyddog o gylch y gwaith a chyfrif faint o lwfans oedd yn ddyledus i bob gweithiwr (e.e. am barau coed, am dorri gwaelod, am weithio mewn dŵr ac ati): gwneid hyn tua diwedd pob wythnos fel arfer (Morg, Caerf)
gw. **diwrnod bwcio**

diwrnod tâsg diwrnod o waith (PD)

dro *eb* yn wreiddiol golygai gyfran fechan o'r cyflog misol llawn, a gâi'r glöwr ymlaen llaw cyn diwedd y mis os byddai'n brin o arian: yn ddiweddarach aeth i olygu cyflog mewn rhannau o Ddwyrain Morgannwg (Morg, Caerf), *tynnu'r ddro*—nôl y **ddro**
carden ddro—cerdyn ac arno enw a rhif y glöwr: o'i gyflwyno yn y swyddfa ar ben y gwaith ar ddiwrnod cyflog, câi'r glöwr ei dâl (D Morg)
gw. **pai bach, syb**

dwbwl shifft dwywaith gymaint o weithwyr ag arfer (Morg, Caerf)

dyblu
dwblu *be* arferai gweithwyr ddychwelyd weithiau i'r pwll yn y nos ar ôl diwrnod o waith os byddai rhyw alwad (e.e. angladd, codi tatws) yn debyg o'u rhwystro rhag gweithio trannoeth (Caerf)

dyn *eg* ll. **dynion, dynon;** fel rheol mewn ymadroddion

dyn cwmni (Rhos), gw. **detlar**

dyn cwmpni (Morg, Caerf), gw. **detlar**

galw *be* stopio gweithio (Rhos), *amser galw, mi alwodd y gŵr am un o'r gloch ddoe, galw am ddarn*—stopio gweithio am ran

		o'r diwrnod. Yn wreiddiol golygai **galw** fod y glöwr yn gorfod stopio gweithio am reswm arbennig (e.e. dim digon o ddramiau ar ei gyfer). Ymhen amser aeth **galw** i olygu stopio gweithio yn gyffredinol
gapars	*ell*	rhai a weithiai mewn llefydd gweithwyr oedd yn methu â bod yn eu gwaith (Morg, Caerf)
gwaith	*eg*	ll. **gwithe, gweithfeydd;** gw. **y lofa** *gwaith Blaenhirwaun,* *gwaith Pantyffynnon*
gwaith fesul dydd		(PD) gw. **ar hur**
gwaith marw		gwaith a oedd yn angenrheidiol i'r **colier** ei gyflawni ond nad oedd yn ymwneud yn uniongyrchol â thorri glo (e.e. gosod pyst, torri gwaelod) (Morg, Caerf). Yn Sir Gaerfyrddin bu i'r term **gwaith marw** fagu ystyr ehangach. Aethpwyd i rannu gweithgareddau'r eisteddfod yn *gystadleuthau llwyfan* a *chystadleuthau gwaith marw*
clarc gwaith marw		bachgen ifanc, fel arfer, a ddeuai o gylch y gwaith, yng nghwmni'r **ofyrman** gan amlaf, ddiwedd pob wythnos gan gofnodi mewn llyfr pwrpasol gyfanswm y lwfans a oedd yn ddyledus i bob gweithiwr, fel y gellid ei gynnwys yn y cyflog gw. **mesur, clarc mesur**
Gwener	*eg*	
dydd Gwener pai		hyd at ddiwedd degawd cyntaf y ganrif hon, telid cyflog glowyr bob pythefnos, a hynny ar ddydd Gwener (Morg, Caerf) gw. **Sadwrn cyfri**
dydd Gwener blanc		yr enw ar y dydd Gwener a ddilynai **dydd**

		Gwener pai, pryd na châi'r glöwr dâl o gwbl (Morg, Caerf) gw. **dydd Gwener naill lycad, dydd Gwener crôs pai, Sadwrn pwt**
dydd Gwener crôs pai		(G Morg), gw. **dydd Gwener blanc**
dydd Gwener naill lycad		(Morg, Caerf), gw. **dydd Gwener blanc**
gwitho	*be*	fel rheol mewn ymadroddion
gwitho diwetydd		gweithio o tua dechrau'r prynhawn tan tua diwedd yr hwyr (Morg, Caerf), gw. **gwitho traffic, gwitho prynawn**
gwitho'n drie		gweithio yn dri gyda'i gilydd (G Morg)
gwitho'n ddwbwl/ ddwpwl		dau yn gweithio gyda'i gilydd (Morg, Caerf)
gwitho'n ddwbwl		un shifft yn dilyn yn union ar ôl un arall yn yr un fan (Caerf)
gwitho'n gros		(Morg, Caerf), gw. **croesi**
gwitho prynawn		(Morg, Caerf), gw. **gwitho diwetydd**
gwitho'n shingel		un dyn yn gweithio ar ei ben ei hun (Morg, Caerf), gw. **ar 'i law i (h)unan**
gwitho traffic		(Cwmdr), gw. **gwitho diwetydd**
gwithwr (h)ur	*eg*	gweithiwr a delid wrth y dydd, e.e. **halier** (Morg, Caerf)
(h)eb le		(Morg, Caerf), gw. **mâs o le**
(h)ur	*eg*	tâl penodedig fesul dydd, *ar hur, gwithwr hur* (Morg, Caerf)

insh myni		câi **colier** a weithiai mewn lle oedd yn llai na phum troedfedd a chwe modfedd o uchder tua phedair ceiniog a dimai am bob modfedd yr oedd o dan yr uchder hwn (PD)
lŵans	*eg*	tâl a gâi'r glöwr am **waith marw** neu am anawsterau a wynebai wrth gyflawni ei waith arferol (e.e. gweithio mewn dŵr, gweithio gwythïen dan ei thrwch) (Morg, Caerf)
llyfr	*eg*	fel rheol mewn ymadroddion
llyfr mesur		(Morg, Caerf), gw. **mesur**
llyfr pai		(Caerf), gw. **pai**
mâs o le		heb le i weithio ynddo (Morg, Caerf) gw. **(h)eb le**
mesur	*be*	fel rheol mewn ymadroddion
clarc mesur		(D Morg), gw. **gwaith marw**
llyfr mesur		y llyfr y nodai'r **clarc mesur** ynddo y lwfans a oedd yn ddyledus i bob glöwr (Morg, Caerf), gw. **llyfr pai**
marc mesur		y marc a wnâi swyddog ar bost arbennig yn **nhalcen** y glöwr i ddynodi mai at y fan arbennig honno y nodwyd ganddo y lwfans a oedd yn ddyledus i'r glöwr yr wythnos honno: fel arfer gwnâi farc siâp ^ a defnyddid cyllell arbennig, sef **cylleth sgreibo** i wneud y **marc mesur** (Morg, Caerf), gw. **stamp**
diwrnod mesur		gw. **diwrnod**
mis mawr **mis pump**		hyd at ddiwedd y ganrif ddiwethaf telid cyflogau fesul mis i lowyr mewn rhai ardaloedd: cynhwysa ambell fis bum

wythnos a chyfeirid ato fel **mis pump** neu **fis mawr** (Morg, Caerf)

modryb — rhywbeth oedd yn fanteisiol iawn i'r glöwr, e.e. pan fyddid yn dod ar draws glo da sylweddol yn y ffas dywedid weithiau *ma na dipyn o fodryb yma lads!* (PD)

mwcyn — **mwcyn gweld**—er mwyn cynefino â'r tywyllwch dan ddaear byddai rhai glowyr a weithiai mewn **gwaith gole nôth** yn aml yn eistedd am ychydig yng ngenau'r **district** cyn dechrau ar eu gwaith, er mwyn cael sgwrs a chyfle i ysmygu (Morg)
gw. **stai weld**

newid *be* (Morg, Caerf), gw. **croesi**

pai *eg* cyflog

llyfyr pai — (Caerf), gw. **llyfyr mesur**

pai bach — pan delid cyflog bob pythefnos, câi unrhyw löwr a aethai'n brin o arian **bai bach** (h.y. cyfran bychan o'i gyflog) ddiwedd yr wythnos gyntaf pe dymunai hynny: yna tynnid y **pai bach** o gyfanswm y **pai** yr wythnos ganlynol (Morg)
gw. **dro, syb**

pai mawr — yn ystod y ganrif ddiwethaf ni thelid cyflog llawn i'r glöwr ond bob tair wythnos ar ddeg—**pai mawr**(D Morg)

dydd Gwener pai — gw. **Gwener**

papur *eg* fel rheol mewn ymadroddion

papur bach — papur a gâi'r glöwr gyda'i gyflog ac a ddynodai gyfanswm ei enillion (Morg, Caerf)

papur cyflog		papur a roddid yn y **tun pres** i ddynodi cyfanswm enillion y **set** (PD) gw. **papur bach**
papur pwyse		papur a roddwyd bob dydd yn ffenestr y **lamprwm** ac a ddynodai gynnyrch pob glöwr am y diwrnod cynt (Morg, Caerf), gw. **styllan bwyso**
papur tsiec		(Rhos) gw. **papur bach, papur cyflog**
parti	*eg*	nifer o lowyr a gydweithiai yn yr un lle (Morg)
pres dŵr		os byddai'r lle y gweithiai'r glöwr ynddo yn peri iddo ddod â phâr ychwanegol o sanau er mwyn cael newid y pâr cyntaf, câi'r colier swllt o **bres dŵr.** Câi chwe cheiniog am **ladd dŵr** mewn lle nad oedd yno ddigon o ddŵr i deilyngu **lladdwr dŵr** (PD) gw. **arian dŵr**
prish llanw		y tâl a gâi **dramwr** am wthio dramiau ar hyd yr **hedin.** Dibynnai'r tâl hwn ar y pellter y disgwylid iddo dramwy, e.e. câi tua thri swllt a naw ceiniog y dydd am wthio dramiau i fyny at ganllath o ffordd, a châi geiniog neu ddwy yn ychwanegol am wthio rhwng cant a dau gan llath o bellter (Llangenn), gw. **arian wai**
Sadwrn	*eg*	fel rheol mewn ymadroddion
Sadwrn cyfri		y Sadwrn y derbyniai'r glöwr ei gyflog yn y cyfnod pan gâi ei dalu bob pythefnos (Rhos), gw. **dydd Gwener pai, Sadwrn tâl**
Sadwrn tâl		(Rhos), gw. **Sadwrn cyfri**
Sadwrn pwt		y Sadwrn a ddilynai **Sadwrn cyfri,** pryd na châi'r glöwr dâl o gwbl (Rhos) gw. **Gwener blanc**

sbel *eb* roedd yn arferiad gan lowyr weithiau ymgasglu am ryw bymtheng munud ar ymylon eu **district** er mwyn cael sgwrs cyn dechrau ar y gwaith, *on ni ar y sbel am gwarter awr* (Morg, Caerf)

sgwaro *be* roedd yn arferiad i lowyr lanw tair dram y dydd o lo: pe byddai un gweithiwr yn cael y blaen ar ei gyfeillion yn yr un gylched (e.e. oblegid bod y glo yn gweithio'n hawdd mewn ambell fan) byddai'n ddyletswydd arno fynd adre'n fuan er mwyn rhoi cyfle i'w gydweithwyr ddal i fyny ag ef, *on i'n mynd sha thre yn gynnar fel bo nw'n câl siawns i'n sgwaro i* (Clyd)

shifft *eb* *shifft fore, shifft ddydd* (Morg, Caerf) gw. **stem, tyrn**

siâr *eb* fel rheol mewn ymadroddion

dechra siâr dechrau gwaith fel gweithiwr cyflawn yn hytrach na fel crwt a oedd yn cynorthwyo gweithiwr profiadol

oedran siâr yr oedran pan fyddai bachgen ifanc yn cael ei ystyried yn weithiwr cyflawn oedd yn gydradd ag unrhyw löwr cyffredin arall: fel arfer roedd bechgyn tua deunaw oed yn cyrraedd **oedran siâr** (Morg, Caerf)

stai weld hoe er cynefino â'r tywyllwch a gymerwyd weithiau gan lowyr yng ngenau'r **district** yr aent iddo i weithio (Caerf) gw. **mwcyn**

stamp *eg* twll crwn bychan a wnâi'r **ofyrman** â'r big yn yr **hedin** er mwyn nodi'r fan y dylid dechrau mesur y lwfans a oedd yn ddyledus i'r glöwr yr wythnos ganlynol (PD), gw. **mesur, marc mesur**

stem *eb* ll. **stemie;** cyfnod penodedig o waith mewn diwrnod (PD), *stem o waith,* gw. **shifft, tyrn**

cael hanner stem — ceid hyn fel lwfans yn aml: golygai dderbyn hanner cymaint o dâl ag y câi gweithiwr fesul dydd am un diwrnod **(stem)** o waith

stop lamp — oni byddai glöwr wedi codi ei lamp o'r **lamprwm** erbyn rhyw ychydig funudau cyn i'r cerbyd olaf ddisgyn i'r pwll o ben y gwaith ar ddechrau **tyrn,** ni châi fynd at ei waith. Cyfeirid at yr adeg hon fel **stop lamp,** *odd i'n stop lamp arna i ddo, so gorffod i fi ddod sha thre* (Morg, Caerf)

styllan bwyso *eb* — darn o bren tebyg i fwrdd hysbysu a roddai'r **tsiecweman** bob dydd yn ffenestr ei gwt ac arno bapur yn dynodi sawl dram a lenwid gan bob **set** y diwrnod hwnnw (PD)

swllt a blotar — swllt a cheiniog: dyna a gâi crwt am wythnos o waith ers talwm (D Morg)

syb *eg* — (Caerf), gw. **dro, pai**

talu cwstwm — gw. **cwstwm**

talu ffwtin — roedd yn arferiad weithiau i fachgen ifanc a dderbyniai ei gyflog llawn cyntaf dalu am beint o gwrw i'w gydweithwyr allan o'r cyflog hwnnw (Morg), gw. Powell's **History of Tredegar,** t. 117: *Paying "footings" was a general custom, upon the celebration of a marriage or other occasions; such as when a workman was promoted to the post of a "gaffer", &c. The newly married man, or the elevated official, would give a certain sum of money, each of his colleagues contributed in proportion, and the party at the appointed place and time would drink to their hearts' contents to celebrate the event.*

tendio stemie — cymryd lle gweithiwr a oedd yn absennol mewn **set.** Byddai rhai gweithwyr, nad oeddynt wedi llwyddo i gael gwaith cyson mewn **set** yn **tendio stemie** tan gaent le parhaol: oni byddai rhywun yn absennol pan gyrhaeddent ben y gwaith, rhaid oedd iddynt ddychwelyd adre (Rhos)

ticet pai *eg* (Rhig), gw. **papur bach, papur cyflog**

tocyn pai *eg* (Rhondd), gw. **papur bach, papur cyflog**

tun pres *eg* câi gweithwyr y **set** eu cyflog mewn tun ar ben y gwaith: yna rhennid y cynnwys ymhlith yr aelodau yn ôl yr hyn a oedd yn ddyledus i bob gweithiwr yn y **set** (PD)

tyrn *eg* (Morg, Caerf, Rhos), gw. **stem, shifft**

- **tyrn ben rewl** — cyfnod o weithio yng nghyffiniau **ben rewl**—tyrn ysgafnach na'r cyffredin (Pontyber)
- **tyrn bore** — cyfnod o waith o tua chwech y bore tan ddau y prynhawn
- **tyrn byr** — cyfnod byrrach o waith nag a weithid fel arfer: gweithid **tyrn byr** ar ddydd Sadwrn ers talwm, gan orffen tuag un o'r gloch
- **tyrn hur** — gweithio tyrn am dâl fesul dydd (e.e. fel **halier**)
- **ar y tyrn** — yn derbyn tâl yn ôl cyfanswm y gwaith a gyflawnid mewn amser penodedig, megis glöwr (Rhos), gw. **ar dasg, ar y job**

wedi wech — dywedid am rywun a gyrhaeddai'r pwll yn rhy hwyr i fynd at ei waith yn y bore ei bod hi *wedi wech arno:* diau fod yr ymadrodd yn deillio o'r adeg pan oedd yn ofynnol i löwr fynd at ei waith erbyn chwech o'r gloch y bore (Morg, Caerf)

wthnos gatw *gwitho wthnos gatw,* câi'r glöwr dâl am gynnyrch un wythnos ar ddiwedd yr wythnos ddilynol: gelwid yr wythnos gyntaf yn **wythnos gatw** (cf. S. *a week in hand)* (Clyd)

Y Ffigurau

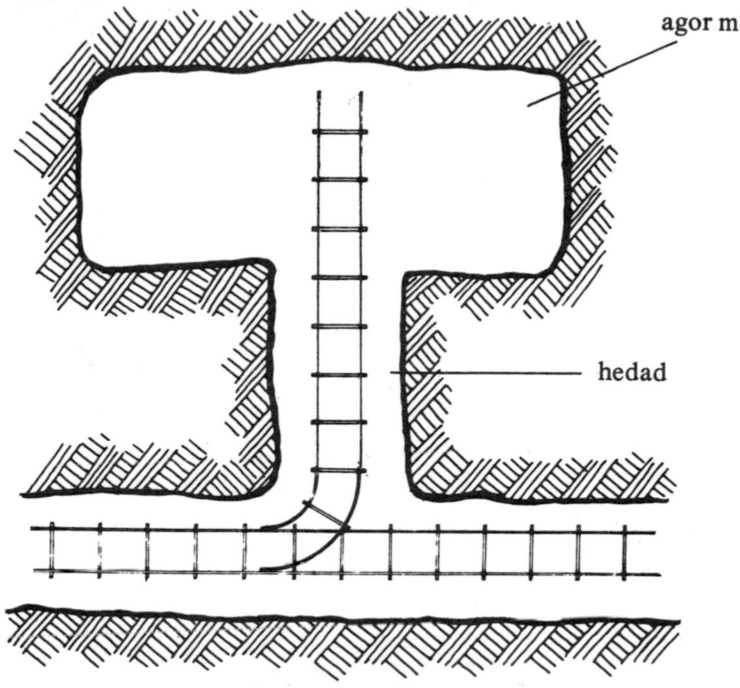

Ffig. 1. agor mâs
hedad

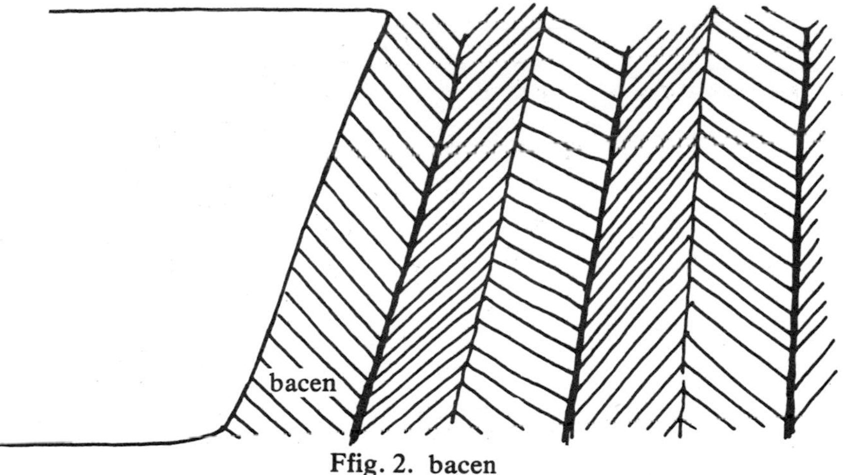

Ffig. 2. bacen

Ffig. 3. cwt

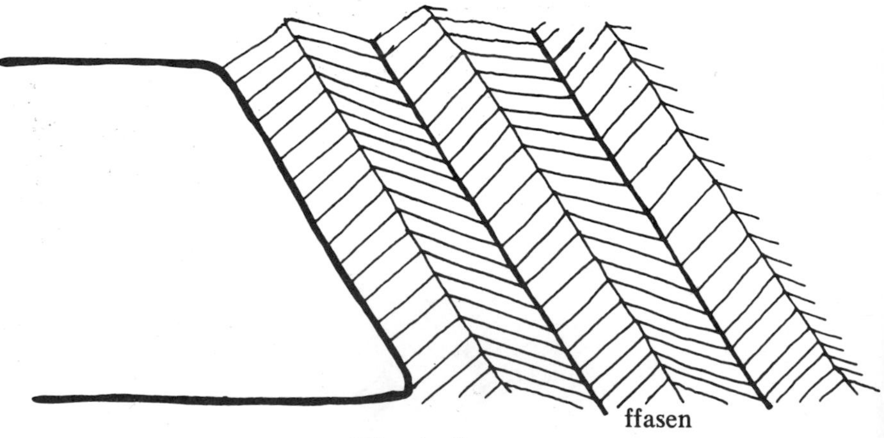

Ffig. 4. ffasen

Ffig. 5. (h)olo

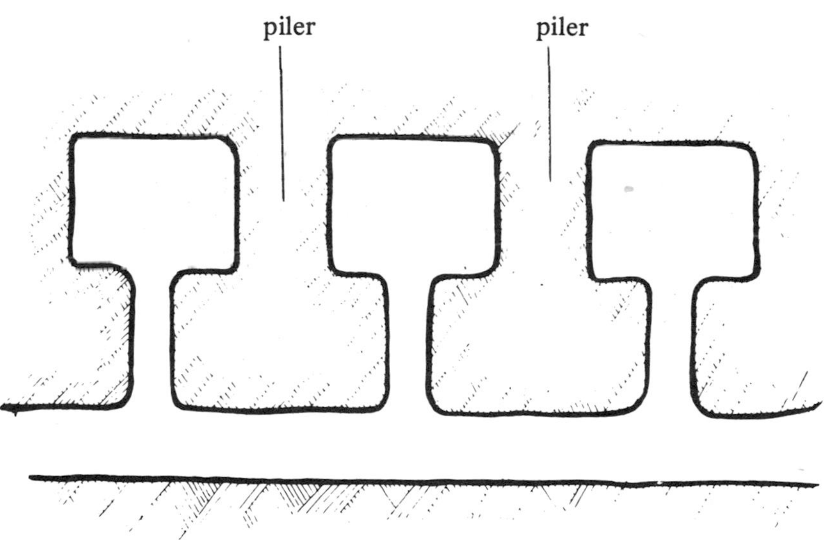

Ffig. 6. piler

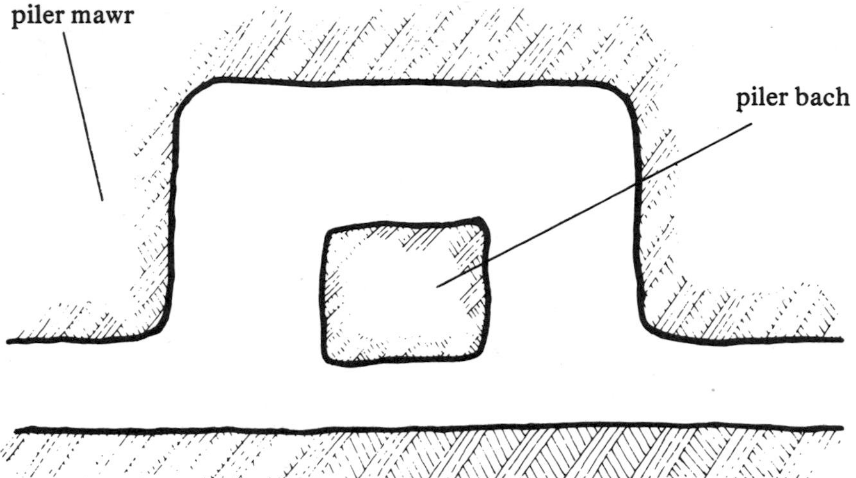

Ffig. 7. pileri

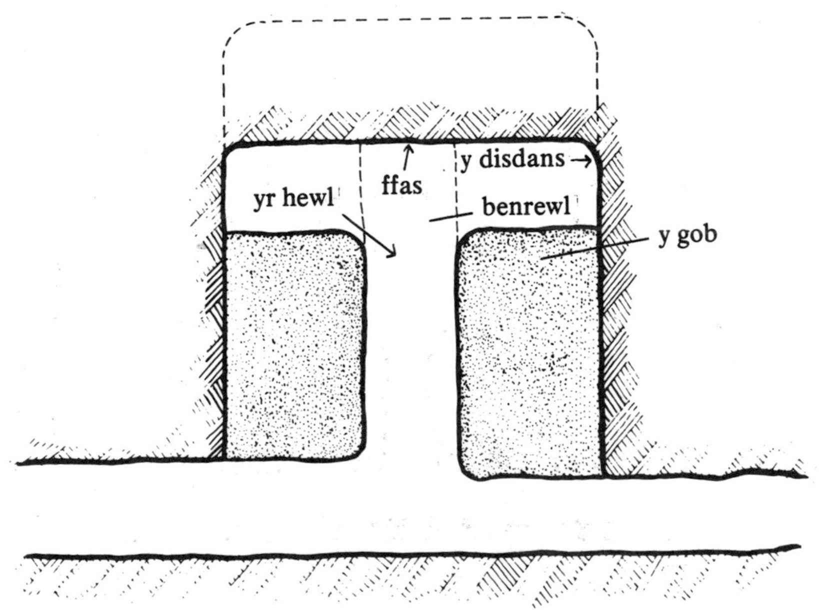

Ffig. 8. talcen

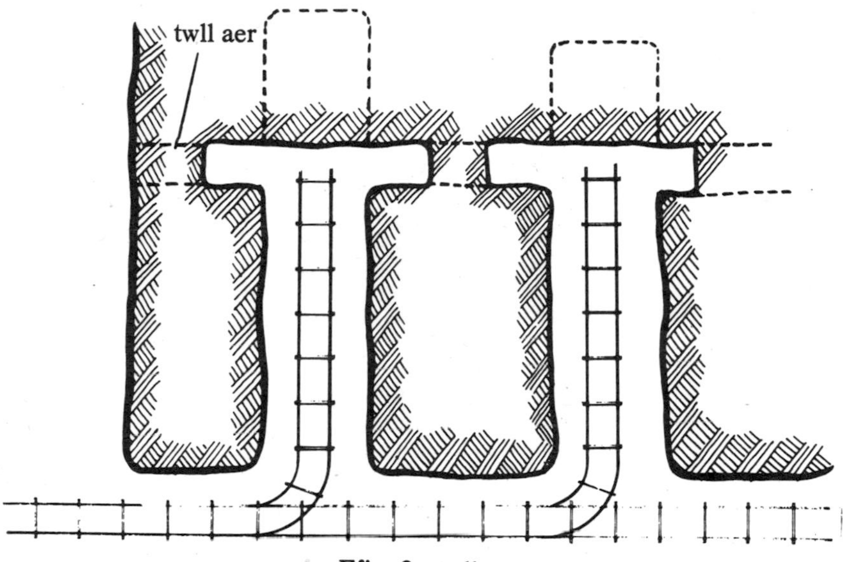

Ffig. 9. twll aer

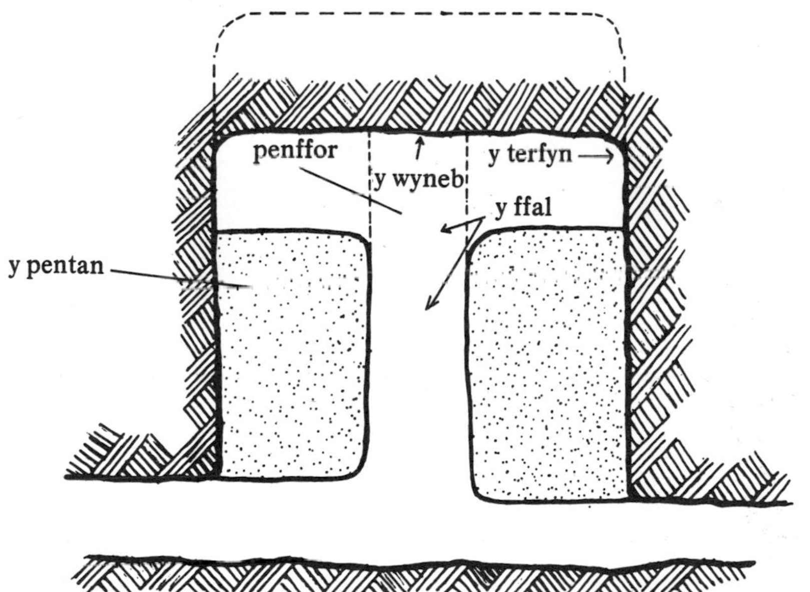

Ffig. 10. wiced

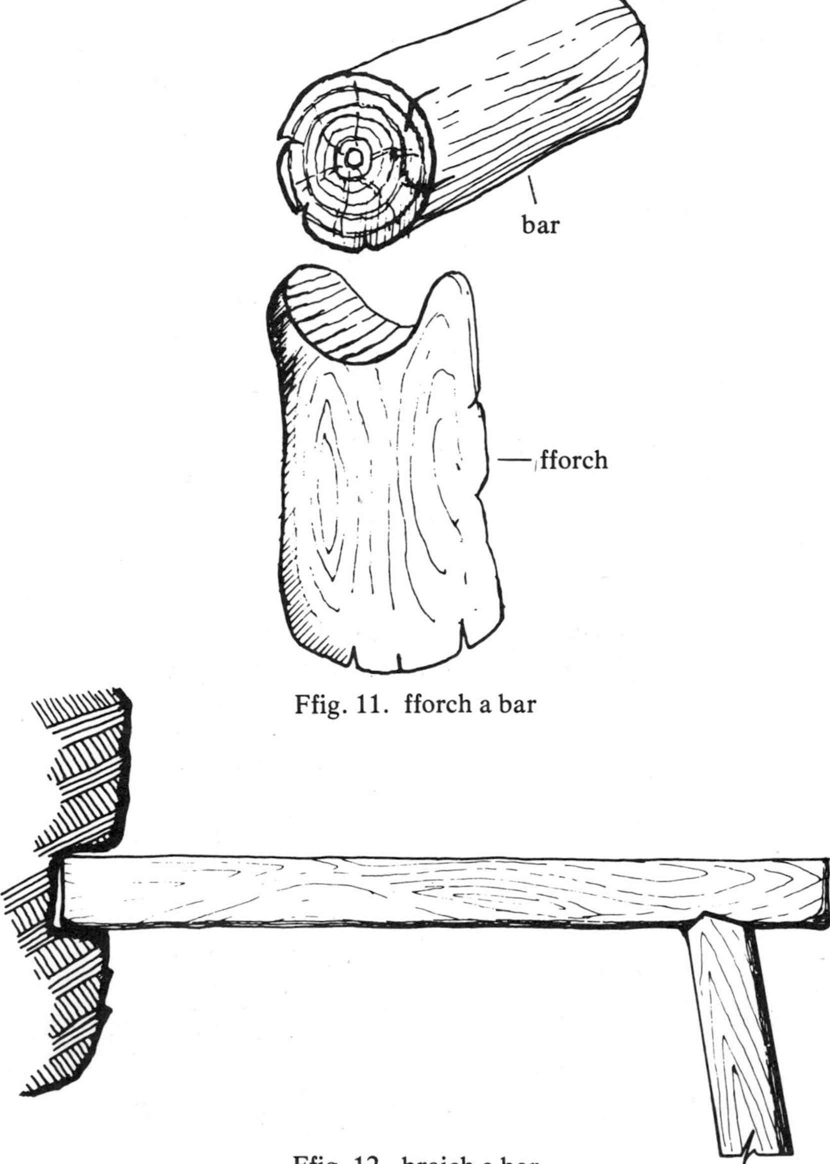

Ffig. 11. fforch a bar

Ffig. 12. braich a bar

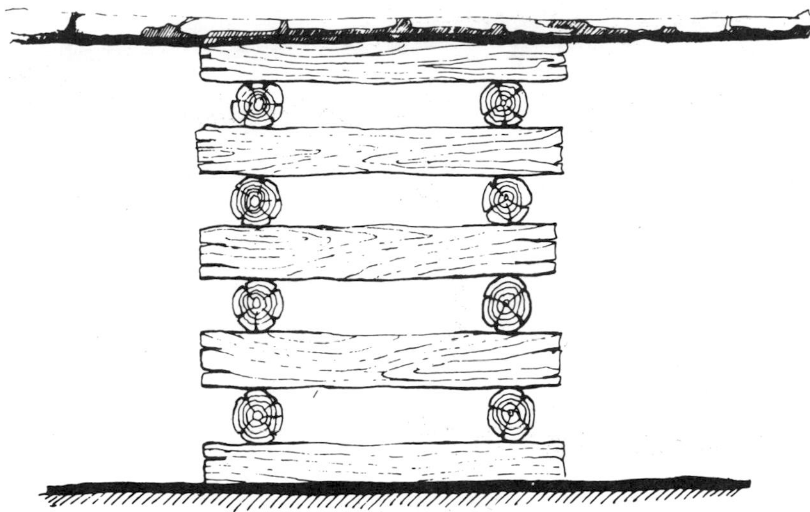

Ffig. 13. cogyn

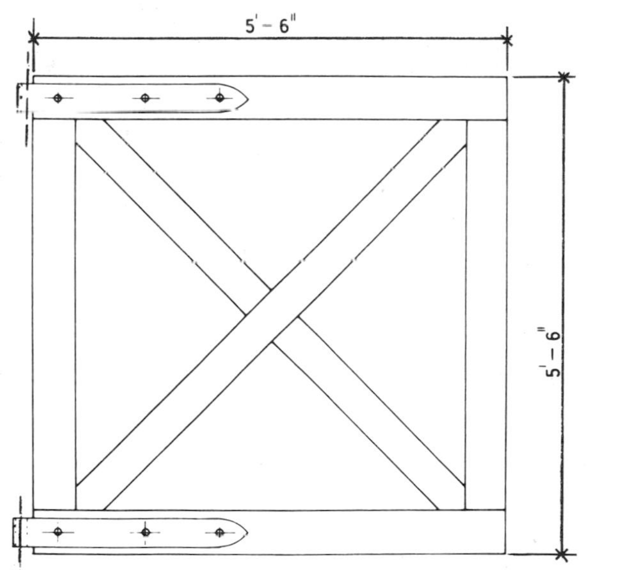

Ffig. 14. drws bradish

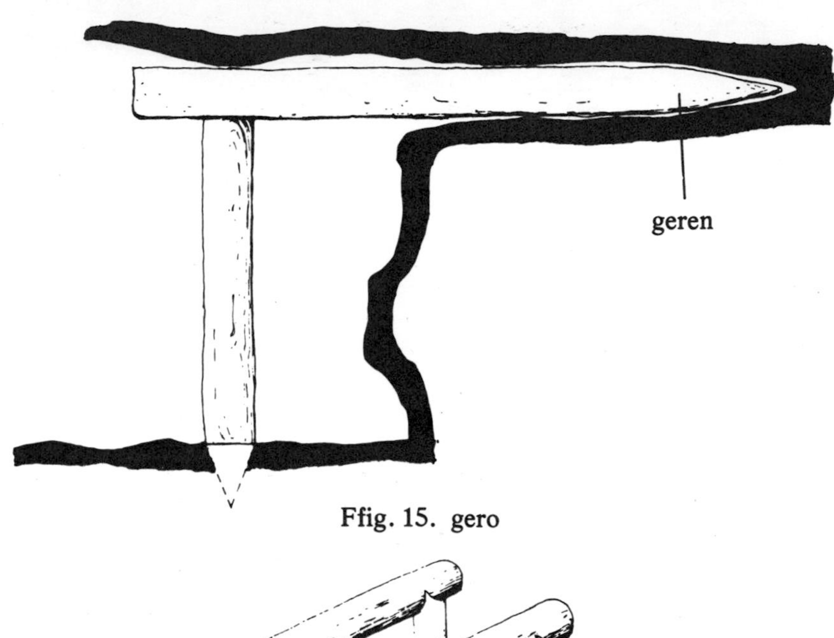

Ffig. 15. gero

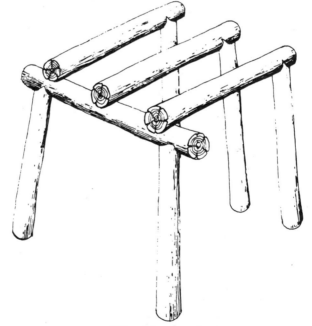

Ffig. 16. gwerthyd

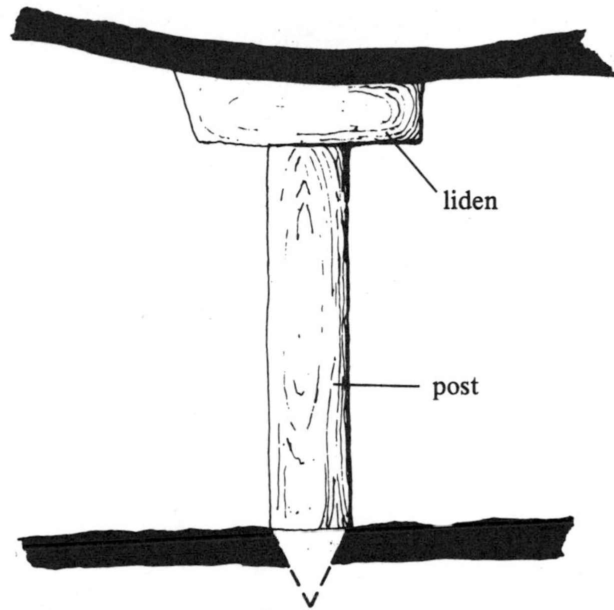

Ffig. 17. liden

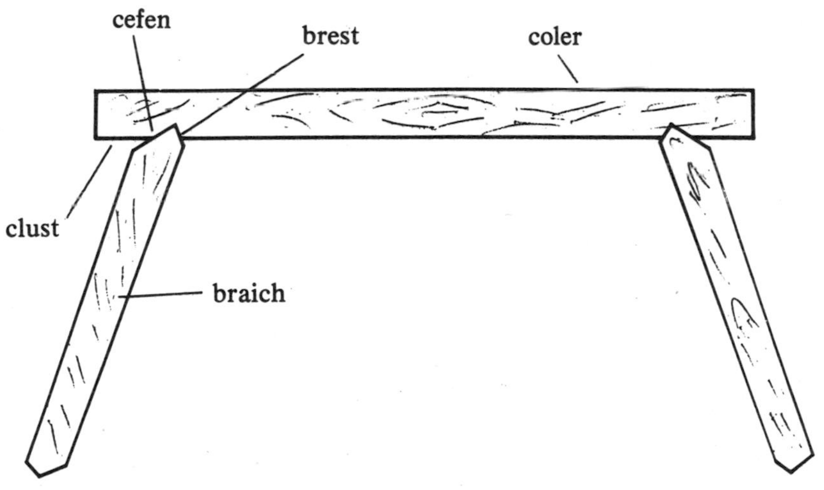

Ffig. 18. pâr coed

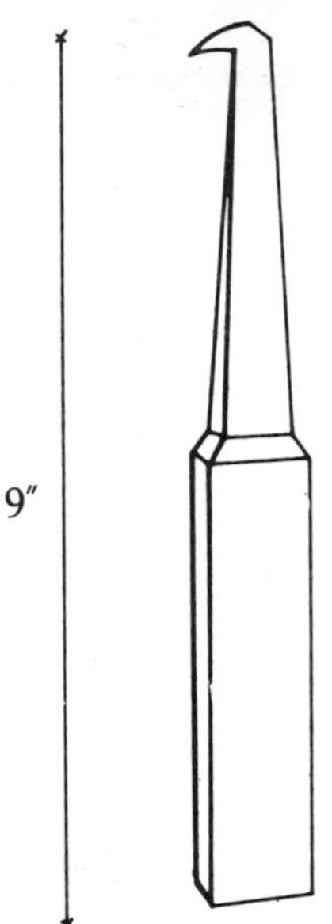

Ffig. 19. cylleth sgreibo

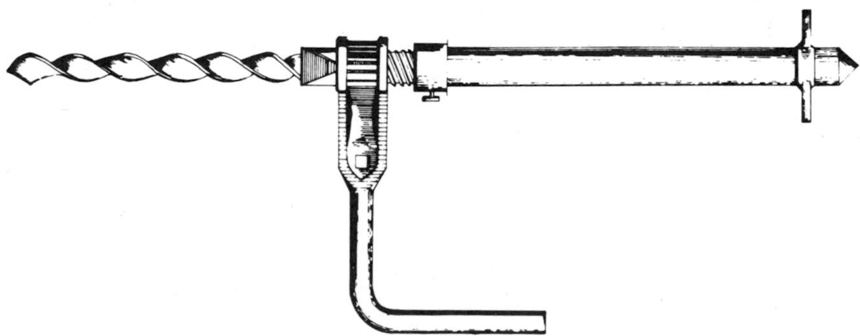

Ffig. 20. mashîn bost

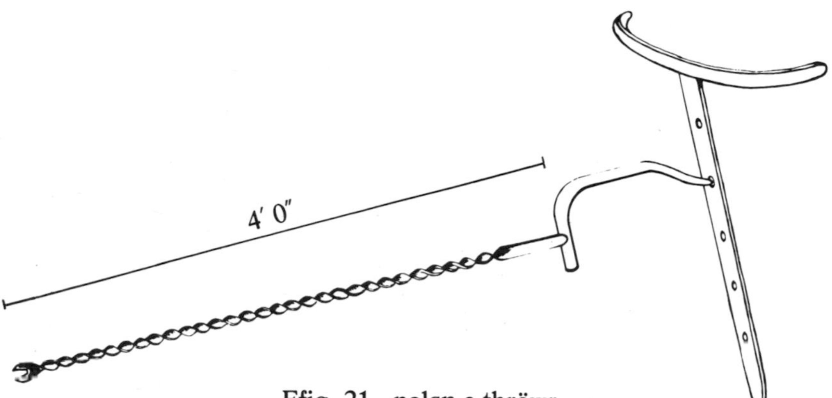

Ffig. 21. nelsn a thröwr

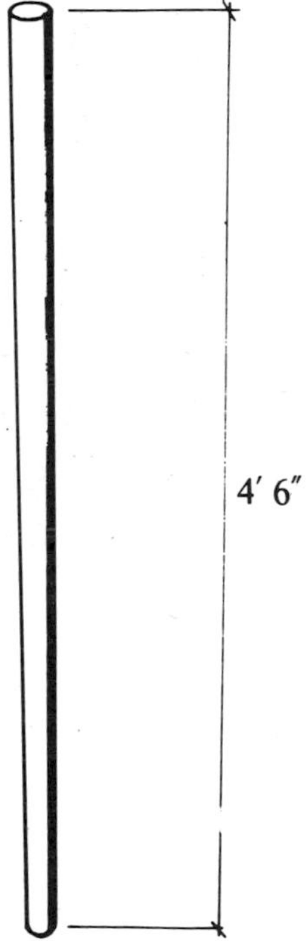

Ffig. 22. ramar

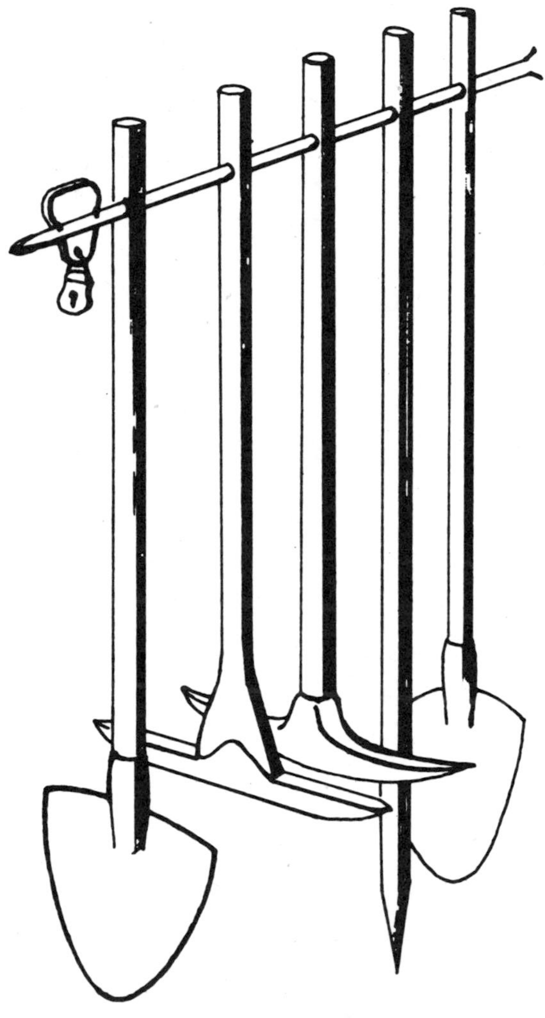

Ffig. 23. bar tŵls

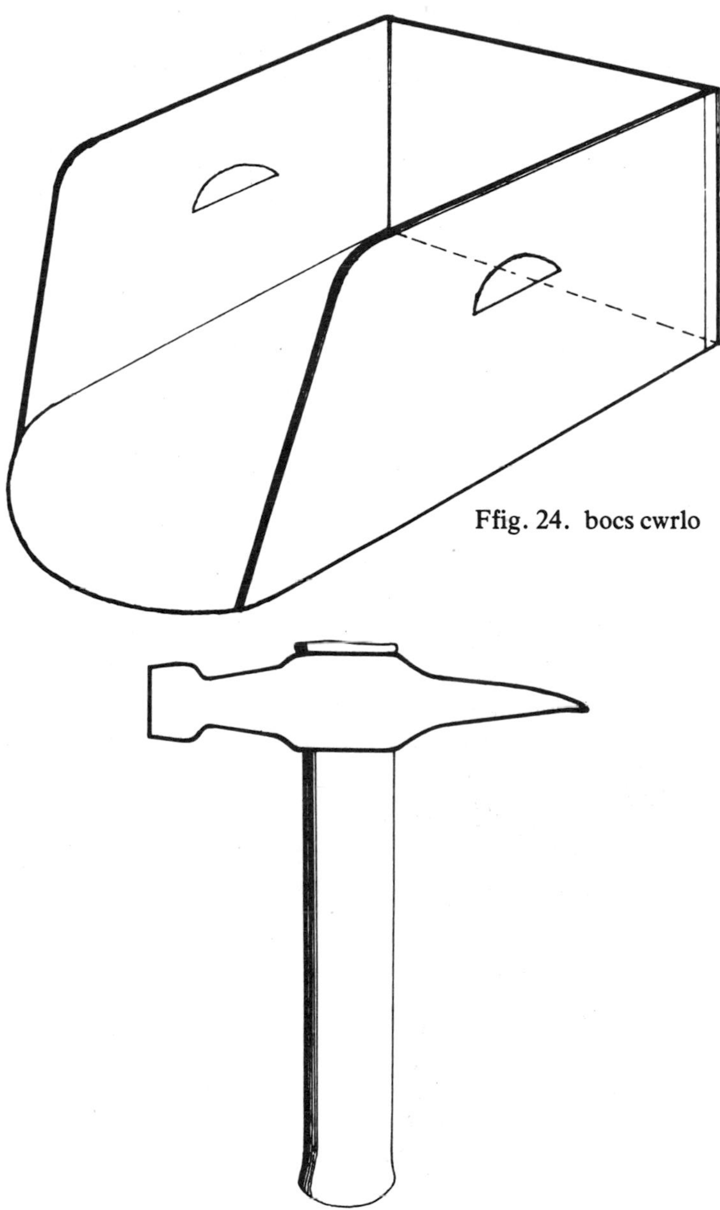

Ffig. 24. bocs cwrlo

Ffig. 25. dresar

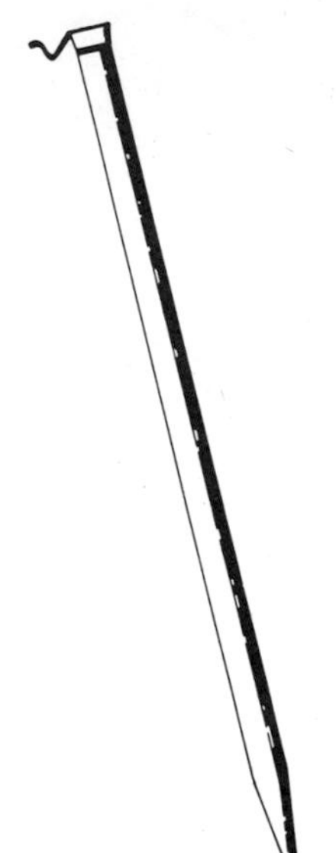

Ffig. 26. ffon ffyiarman

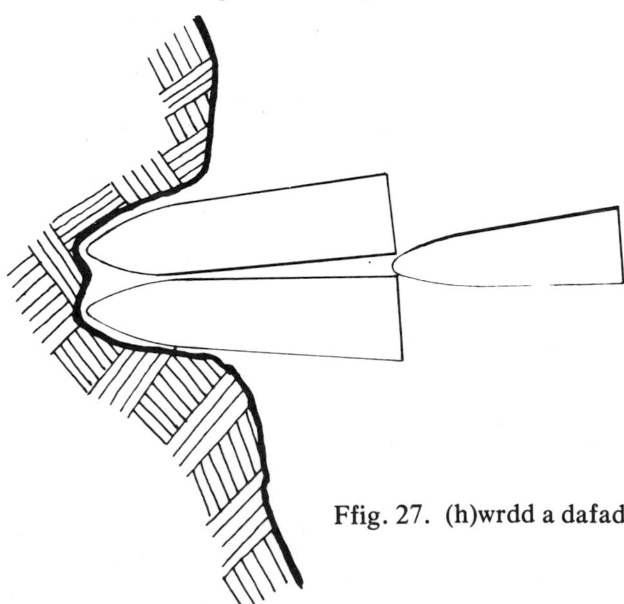

Ffig. 27. (h)wrdd a dafad

Ffig. 28. jac

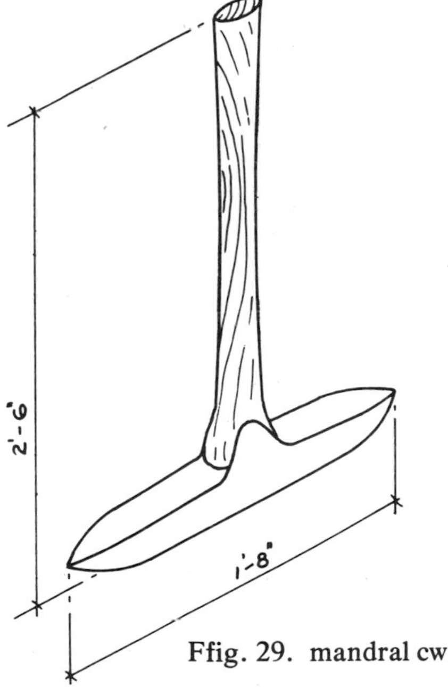

Ffig. 29. mandral cwt

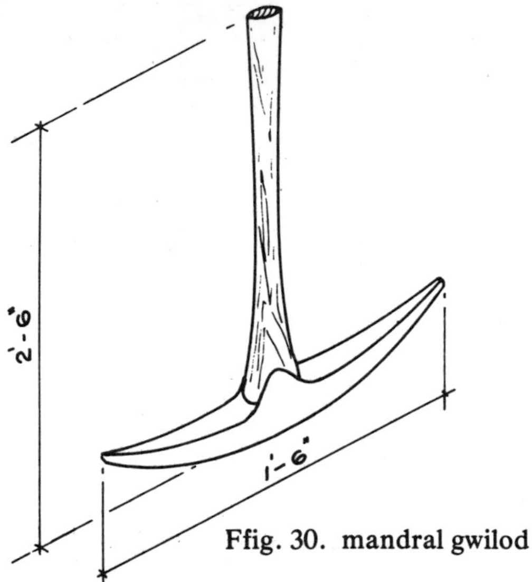

Ffig. 30. mandral gwilod

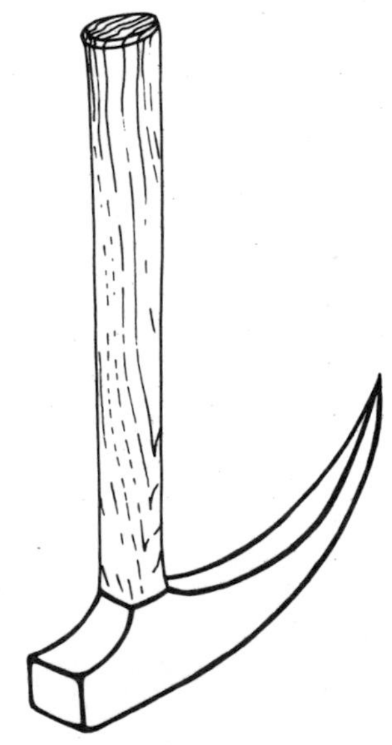

Ffig. 31. picas

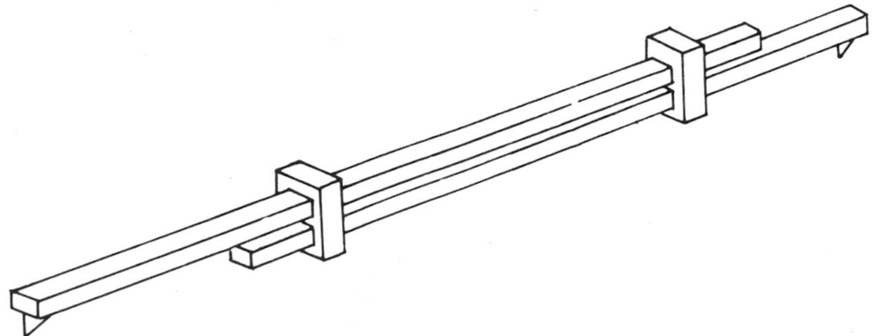

Ffig. 32. pren mesur

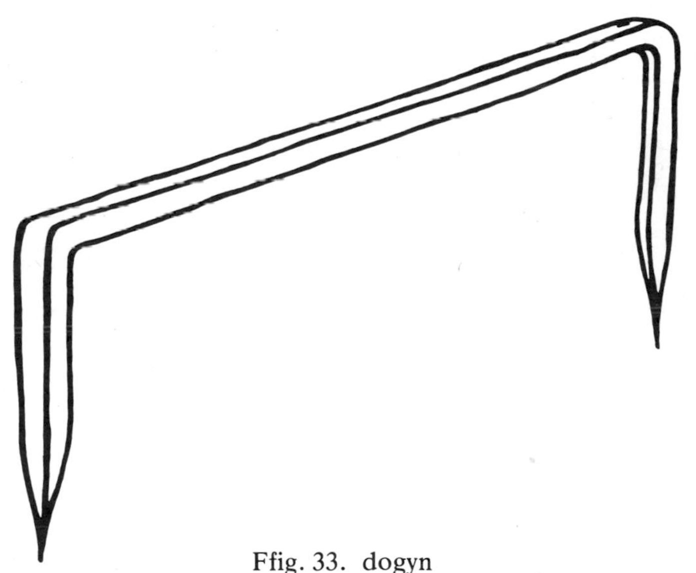

Ffig. 33. dogyn

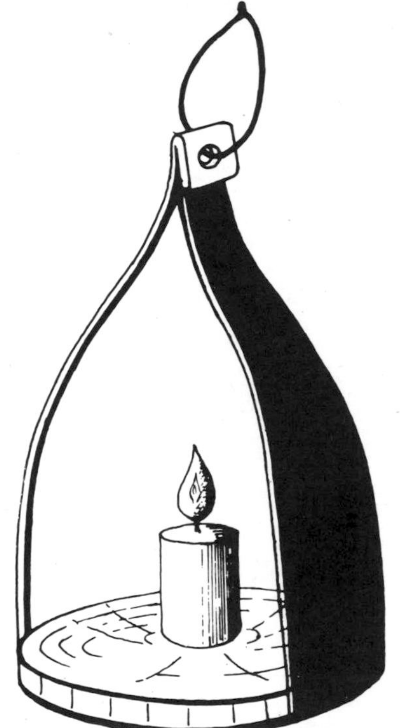

Ffig. 34. tecwch

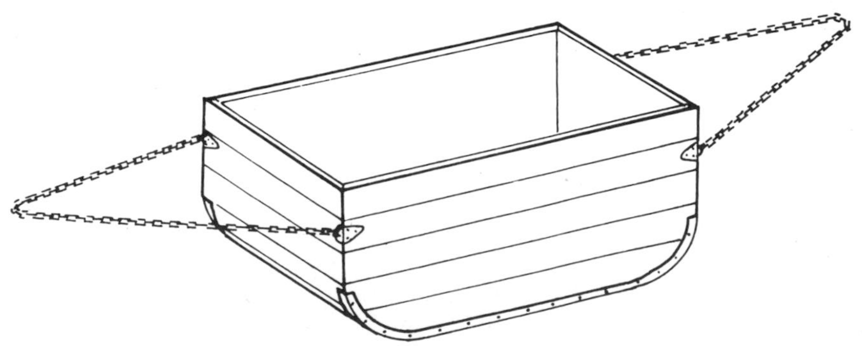

Ffig. 35. car llusg

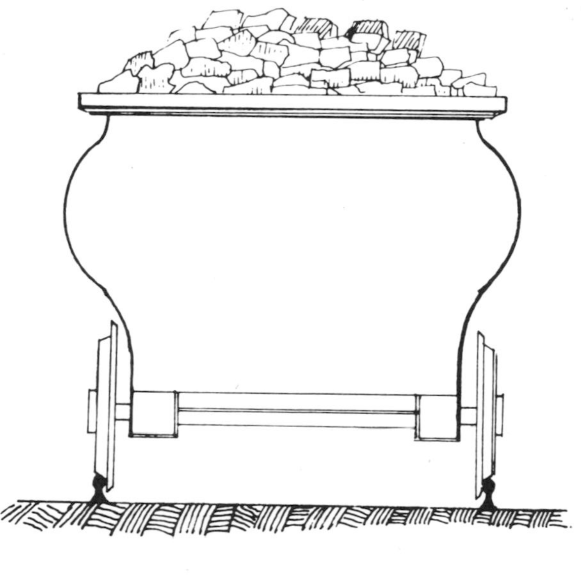

Ffig. 36. bolio

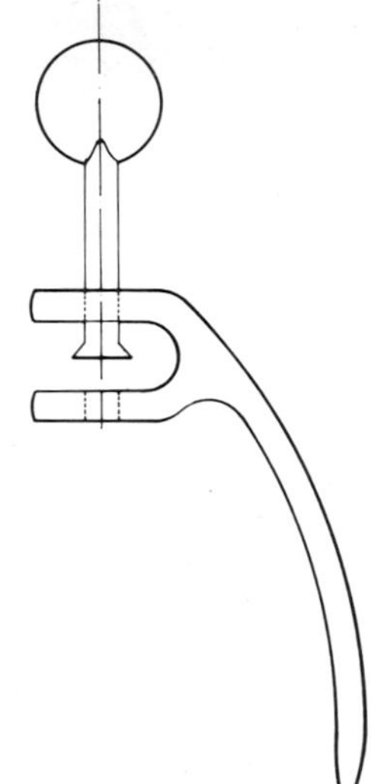

Ffig. 37. ci

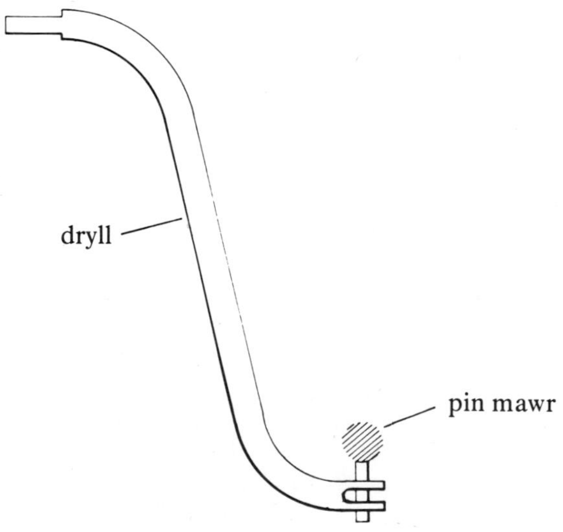

Ffig. 38. dryll

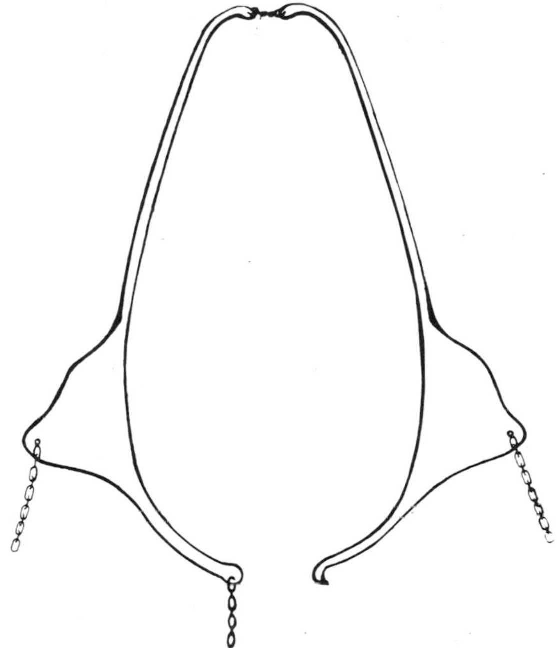

Ffig. 39. omz

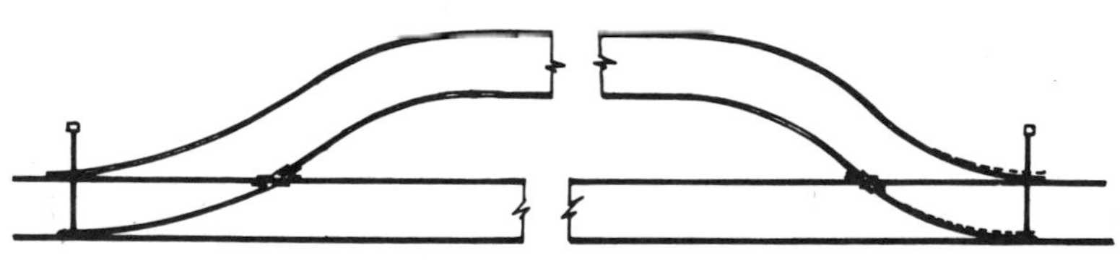

Ffig. 40. partin

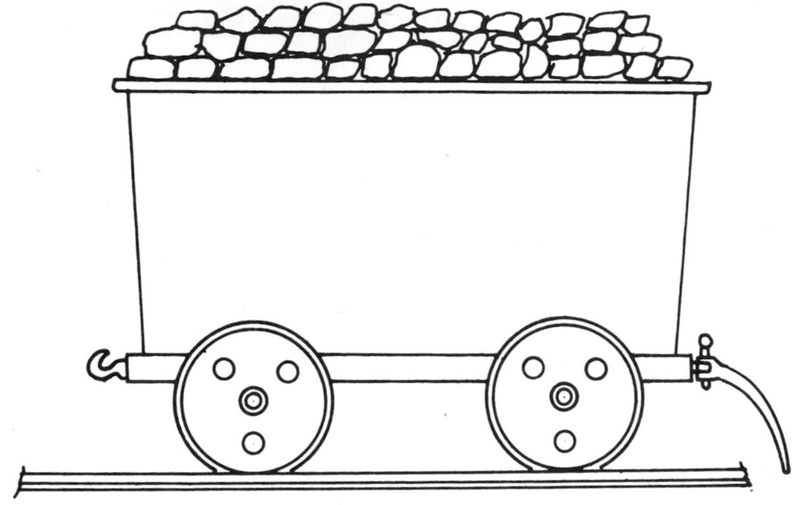

Ffig. 41. raso

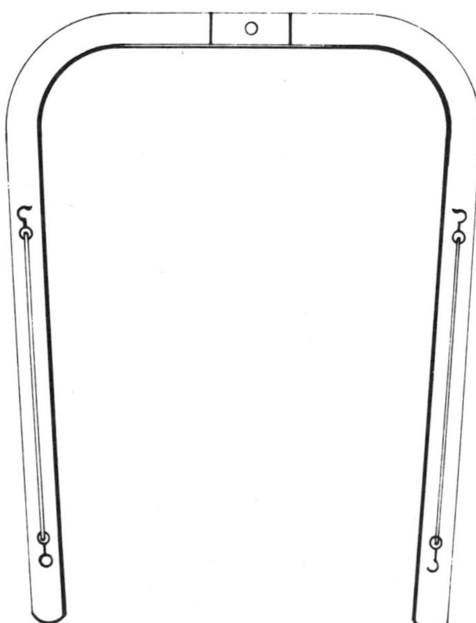

Ffig. 42. siafft

Mynegai i'r eirfa

Mynegai i'r ffigurau